I0231838

Pedro Calderón de la Barca

Mañanas de abril y mayo

Barcelona **2024**
Linkgua-ediciones.com

Créditos

Título original: Mañanas de abril y de mayo.

© 2024, Red ediciones S.L.

e-mail: info@Linkgua-ediciones.com

Diseño de cubierta: Michel Mallard

ISBN tapa dura: 978-84-1126-173-9.
ISBN rústica: 978-84-9816-449-7.
ISBN ebook: 978-84-9953-727-6.

Cualquier forma de reproducción, distribución, comunicación pública o transformación de esta obra solo puede ser realizada con la autorización de sus titulares, salvo excepción prevista por la ley. Diríjase a CEDRO (Centro Español de Derechos Reprográficos, www.cedro.org) si necesita fotocopiar, escanear o hacer copias digitales de algún fragmento de esta obra.

Sumario

Créditos _____ **4**

Brevísima presentación _____ **7**
 La vida _____ 7
 El juego de la seducción _____ 7

Personajes _____ **8**

Jornada primera _____ **9**

Jornada segunda _____ **51**

Jornada tercera _____ **87**

Libros a la carta _____ **123**

Brevísima presentación

La vida
Pedro Calderón de la Barca (Madrid, 1600-Madrid, 1681). España.
Su padre era noble y escribano en el consejo de hacienda del rey. Se educó en el colegio imperial de los jesuitas y más tarde entró en las universidades de Alcalá y Salamanca, aunque no se sabe si llegó a graduarse.
Tuvo una juventud turbulenta. Incluso se le acusa de la muerte de algunos de sus enemigos. En 1621 se negó a ser sacerdote, y poco después, en 1623, empezó a escribir y estrenar obras de teatro. Escribió más de ciento veinte, otra docena larga en colaboración y alrededor de setenta autos sacramentales. Sus primeros estrenos fueron en corrales.
Lope de Vega elogió sus obras, pero en 1629 dejaron de ser amigos tras un extraño incidente: un hermano de Calderón fue agredido y, éste al perseguir al atacante, entró en un convento donde vivía como monja la hija de Lope. Nadie sabe qué pasó.
Entre 1635 y 1637, Calderón de la Barca fue nombrado caballero de la Orden de Santiago. Por entonces publicó veinticuatro comedias en dos volúmenes y La vida es sueño (1636), su obra más célebre. En la década siguiente vivió en Cataluña y, entre 1640 y 1642, combatió con las tropas castellanas. Sin embargo, su salud se quebrantó y abandonó la vida militar.
Su hermanó José, hombre pendenciero, fue uno de sus editores más fieles.

El juego de la seducción
La obra tiene como escenario los jardines de la Florida, en Madrid. Allí las mujeres ocultan sus rostros y pasean en público y los galanes traman tretas para seducirlas.
Los Personajes Don Juan y doña Ana, amantes; doña Clara y don Hipólito, prometidos; el agraviado don Luis, y su amigo don Pedro, están implicados en los mismos enredos, porque todos se han enamorado y tienen celos.

Personajes

Don Hipólito
Don Luis
Don Juan
Doña Clara
Don Pedro
Doña Ana
Pernía, escudero viejo
Doña Lucía
Arceo, gracioso
Inés, criada

Jornada primera

(Salen Don Juan, embozado y Arceo, gracioso, con una bujía en un candelero.)

Arceo   Ya he dicho que no está en casa
mi señor, y es, caballero
o fantasma o lo que sois,
en vano esperarle, puesto
que no sé a qué hora vendrá
a acostarse.

Juan   Yo no puedo
irme de aquí sin hablarle.

Arceo   Pues en el portal sospecho
que estaréis mucho mejor.

Juan   Mejor estaré aquí dentro.

Arceo   Muerto de capa y espada,
que tan pesado y tan necio
has dado en andar tras mí
rebozado y encubierto,
agradécelo al Señor
que te tengo mucho miedo,
que si no, yo te pusiera
a cuchilladas muy presto
en la calle.

Juan   No lo dudo;
mas no os turbéis; de paz vengo.
De don Pedro soy amigo;
sosegaos.

Arceo   ¡Lindo sosiego!

Juan   Y sentaos aquí.

Arceo   Yo estoy
en mi casa, y si yo quiero
me sentaré.

Juan   Pues estad
como quisiéredes.

Arceo   Cierto
que sois fantasma apacible
y que tenéis mil respetos
del convidado de piedra.

Juan   Decidme, ¿qué hace don Pedro
fuera de casa a estas horas?
¿Diviértele amor o juego?

Arceo   Juego o amor le divierte.

Juan   Todo es uno, a lo que pienso,
pues amor y juego, en fin,
son de la Fortuna imperios.
¿Anda de ganancia ahora?

Arceo   Yo de pérdida me veo.

Juan   ¿Está desfavorecido?

Arceo   No lo sé.

Juan   ¿Pues sus secretos

                    no fía de vos?

Arceo   No fía,
                    sino presta algunos de ellos.
                    ¿No bastaba entrometido
                    sino preguntón?

(Sale Don Pedro.)

Pedro   ¿Qué es esto?

Arceo   Esperad en hora mala
                    en la calle o el infierno,
                    si no queréis...

Pedro   Dime, loco,
                    ¿qué ha sido?

Arceo   Vienes a tiempo,
                    que si un poco más te tardas,
                    a ese embozado sospecho
                    que le echo por la ventana
                    tan alto, que de este vuelo,
                    ya que no sietedurmiente,
                    sino volante, primero
                    que volviera, se mudaran
                    los trajes y los dineros,
                    y se hablaran otras lenguas.

Pedro   ¿Quién es?

Arceo   No lo sé, mas pienso
                    que es algún hombre casado
                    que viene a verte encubierto,

      pues no se ha dejado ver
      la cara.

Pedro   Pues, caballero,
      ¿a quién buscáis así?

Juan   A vos.

Pedro   Decid qué queréis.

Juan   Dirélo
      en quedando solos.

Arceo   ¿Ves
      si digo bien?

Pedro   Majadero,
      salte allá fuera.

Arceo   En buen hora.

(Aparte.) (Mas aunque ir a parlar tengo
      con doña Lucía, la dueña
      de mi vecina, más quiero
      ser hoy criado que amante,
      y he de estarme aquí, por serlo,
      escuchando cuanto digan.)

(Vase.)

Pedro   Ya estoy solo, y solo espero
      que me digáis qué queréis.

Juan   Cerrad la puerta.

Pedro   Suspenso
me tenéis. Ya está cerrada.

Juan   Pues ahora, a esos pies puesto,
me dad, don Pedro, los brazos.

Pedro   Don Juan, amigo, ¿qué es esto?
¿Cómo os atrevéis a entrar
así en Madrid, sin que el riesgo
de vuestra vida miréis?

Juan   Como la muerte no temo,
así no guardo la vida,
que ya de tratarlas tengo
con la compañía perdido
a mis desdichas el miedo.
Ya sabéis, como quien fue
por la vecindad, tercero
de mi desdichado amor
aquel venturoso tiempo,
que amé a doña Ana de Lara,
cuyo divino sujeto
se coronó de hermosura,
se laureó de entendimiento.
Ufano con mi esperanza
y con su favor soberbio
viví; en esto no me alabo,
antes me desluzgo en esto,
que en materia de favores
es tan desdichado el premio
que es el que le goza más
el que lo merece menos.
Ya sabéis que viento en popa

este amor, este deseo,
en el mar de la Fortuna
tuvo de su parte el cielo
hasta que, alterado el mar,
el bajel del pensamiento
en piélagos de desdichas
corrió tormenta de celos.
Una noche... —ciegamente
lo que vos sabéis os cuento;
pero dejad que lo diga,
ya que es el pesar tan necio,
que repetirle el dolor
es repetirle el consuelo—,
una noche, pues, salí
de su casa yo, creyendo
que para mí solo estaba
el falso postigo abierto
de un jardín, cuando llegando
a abrirle, ¡ay Dios!, por de dentro,
hacia la parte de fuera
torcer otra llave siento.
Suspendo la acción y a un lado
me retiro, por si puedo
mis celos averiguar,
si es que han menester los celos
para estar averiguados
más diligencia que serlo.
Entreabrieron el postigo
y a la poca luz que dieron
las estrellas en la calle,
entrar solo un hombre veo
que, sin luz y sin razón,
andaba dos veces ciego.
Bien le pudiera matar

a mi salvo entonces, pero
quise apurar la malicia
a mis desdichas, y quedo
me estuve un rato, ¡mal haya
tan curioso sufrimiento!
Él, tentando las paredes,
que no estaba, no, tan diestro
como yo en ellas, que había
estudiádolas más tiempo,
llegó a tropezar en mí,
y desalumbrado, viendo
que había gente en el portal,
dijo atrevido y resuelto:
«No puede haber aquí nadie;
que matarlo o conocerlo
no me importe; otro no tenga
las dichas que yo no tengo.»
No sé qué le respondí,
y los dos con un esfuerzo
hasta la calle salimos,
donde solos cuerpo a cuerpo
reñimos, hasta que igual
mostró la Fortuna el duelo
entre los dos, ¡ay de mí!,
pues a quien me dio primero
celos, le di yo la muerte,
como quien dice: «Hoy intento
que sea paz de nuestra lid,
o morir o tener celos.»
Y dándome lo peor,
quedé celoso y él muerto.
Al ruido de las espadas
llegó la justicia luego,
y yo, apelando a los pies

de la ejecución que hicieron
las manos, me puse en salvo,
mas no tanto que cogiendo
un criado que esperaba
con un rocín en el puesto,
no dijese a la justicia
quién era: solo por ellos
son señores los señores,
que al fin se sirven de buenos.
Con esta declaración
me ausenté, mas no pudiendo
vivir ausente y celoso,
de esta manera me he vuelto
a Madrid, y confiado
en vuestra amistad, me atrevo
a venirme a vuestra casa,
y escarmentado, en efecto,
de la lengua de un criado,
me he recatado del vuestro.
Aquí estaré algunos días,
solo hasta saber si puedo
ver a doña Ana, por quien
tantas desdichas padezco,
que aunque es verdad que ofendido
estoy, la estimo y la quiero
tanto, que solo a quejarme
hoy a la corte me vuelvo
por ver si acaso, ¡ay de mí!,
se disculpa, que si llego,
hablándola alguna noche
siendo vos solo el tercero,
a oír satisfacciones, que antes
que ella las diga las creo,
me iré a Flandes consolado

      de que sus disculpas llevo,
      que haciendo amistades sean
      camaradas de mis celos,
      porque así estaré seguro
      que ni el pesar ni el contento
      me maten, bien como aquel
      que está herido de un veneno
      y otro veneno le cura;
      que este es el último extremo
      de un hombre celoso, pues
      no puede, ni yo lo creo,
      hacer de su parte más
      que decir: «Quejoso vengo
      a creer cuanto digáis;
      y pues que vivir no puedo,
      haces que muera del gozo
      si he de morir del tormento.»

Pedro   En dos empeños me pone
      la merced que me habéis hecho
      de valeros de esta casa
      y de mí, y es el primero
      el ampararos en ella,
      y así, cortésmente ofrezco
      casa, hacienda, honor y vida,
      don Juan, al servicio vuestro.
      El segundo es ayudaros
      en vuestro amor; para esto
      y para todo es forzoso,
      supuesto que él ha de veros,
      fiaros de ese criado,
      que aunque ha poco que le tengo,
      tengo de él satisfacción.
      No hablo ahora en vuestro pleito,

	que ya sabéis que un don Luis de Medrano, que era deudo del muerto, es quien se ha mostrado parte.
Juan	Ya nos conocemos los dos.
Pedro	Pues esto dejado, porque, en efeto, no quiero hablaros en penas hoy, de doña Ana lo que puedo deciros es que ni el rostro la he visto desde el suceso de esa noche, ni en ventana, ni en iglesia, ni en paseo de Prado y Calle Mayor, que es mucho para mí, siendo como soy, vecino suyo.
Juan	Fineza es, don Pedro; pero ¿quién puede a mí asegurarme que es por mí y no por el muerto ese luto que ha vestido su hermosura?
Pedro	Mas ¡qué presto a lo que le está peor discurre el entendimiento!
Juan	¿Qué queréis? Es más honrado el mal que el bien.
Pedro	No lo entiendo.

Juan
>	Yo sí, pues dudo del bien
cuanto dice, y del mal creo
cuanto imagina, y mirad
cuál es más honrado, puesto
que uno siempre está tratando
verdad, y otro está mintiendo.
Pero lo que de la noche
restaba al noturno velo,
se ha desvanecido ya,
de la hermosa luz huyendo
del Sol. Recogeos y haced
del día noche.

Pedro
>	No puedo,
porque tengo aquestas horas
que hacer, y antes agradezco
haberme hallado vestido.

Juan
>	Desvelado galanteo
tenéis, pues os recogéis
tan tarde y volvéis tan presto.

Pedro
>	Ando por averiguar,
don Juan amigo, unos celos,
por dejar desengañada
una pretensión que tengo,
y he de ir al Parque, porque
su apacible sitio ameno
de las flores y las damas
es el cortesano imperio
de estas mañanas de abril
y mayo, y he de ir siguiendo
esta dama. Vos podéis

descansar en tanto. Arceo.

(Sale Arceo.)

Arceo   Señor.

Pedro   Haz que luego al punto
se haga en aqueste aposento
una cama, y esto sea
con recato y con silencio,
que importa que nadie sepa
que al señor don Juan tenemos
en casa, y de ti lo fío
solamente. A Dios.

(Vase.)

Arceo   Tú has hecho
conmigo lo que se suele
con los galeotes, y es cierto,
pues de ellos nada hay seguro
sino lo que se fía de ellos.

Juan   Yo me recaté de vos,
Arceo, hasta conoceros.

(Vanse y salen doña Clara e Inés, criada.)

Inés   En fin, ¿que has dado en que has de ir
al Parque?

Clara   ¿Quieres saber
si puede dejar de ser,
Inés? Pues has de advertir

    que me ha dicho que no vaya
    a él don Hipólito, y creo
    que fue alentar mi deseo
    para que más presto vaya,
     pues si ayer cuando me habló,
    que viniera me dijera,
    presumo que no viniera,
    y solo porque llegó
     a persuadirse que había
    de obedecerle, me ha dado
    tal gana, que he madrugado
    dos horas antes del día.

Inés   No es en nosotras hoy nueva
    esa culpa, ese pecado,
    que pecar en lo vedado
    es el patrimonio de Eva.
     Pero no sé lo que diga
    de este amor, de este deseo
    de los dos, porque no creo
    lo que a los dos os obliga.
     Don Hipólito es un hombre
    por loco y por maldiciente
    conocido de la gente
    más que por su propio nombre.
     Tú, perdona que lo diga,
    mujer, en justo o injusto,
    muy amiga de tu gusto,
    de tu libertad amiga.
     Él a todas quiso bien,
    tú a todos quisiste mal:
    dime, ¿amor tan desigual
    cómo ha de parar en bien?

Clara   Pensarás que me he enojado,
             Inés, por haberme dicho
             su capricho y mi capricho,
             y antes gran gusto me has dado,
                porque no hay para mí cosa
             como hombres de extraños modos,
             y que al fin me tengan todos
             por vana y por caprichosa.
                ¿Qué quisieras, que estuviera
             muy firme yo, y muy constante,
             sujeta solo a un amante
             que mil desaires me hiciera
                porque se viera querido?
             Eso no; el que he de querer,
             con sobresalto ha de ser
             mientras que no es mi marido.
                Y así, por dársele hoy
             a don Hipólito, quiero
             ir al Parque, donde espero,
             porque disfrazada voy,
                pasear, hablar, reír,
             preguntar y responder,
             ser vista, en efeto, y ver,
             porque no se ha de admitir
                al amante más fiel
             por el gusto que ha de dar.

Inés   ¿Pues por qué?

Clara   Por el pesar
             que yo le he de dar a él.

Inés   Y tienes mucha razón;
             con lo cual hemos llegado

	a la calle que fue Prado
en virtud del azadón.
Clara	Pues bajemos por aquí
a la de Álamos, que es
arrendajo del Pajés.
Inés	Parece que cantan.
Clara	Sí.

(Vanse y suena dentro Música.)

Música	Mañanicas floridas
de abril y mayo,
despertad a mi niña,
no duerma tanto.

(Salen Don Luis y Don Hipólito.)

Luis	Solo haceros compañía,
don Hipólito, pudiera
vencer de mi pena fiera
la grave melancolía.
Hipólito	Por divertiros yo a vos
de vuestro primo en la muerte,
os traigo de aquesta suerte
al Parque, donde los dos
divirtamos la mañana.
Luis	Más hermoso el Sol parece,
porque embozado amanece
entre nubes de oro y grana.

23

Hipólito	Desde aquí podemos ver la gente que va bajando. ¡Qué tierno va enamorando don Sancho allí a la mujer de aquel letrado, su amigo!
Luis	Que es amistad, no se ignore, porque otro no la enamore.
Hipólito	A un pleito está aquí, y yo digo que parecer tomará de los dos, pues le conviene verla a ella por el que tiene como a él por el que da.
Luis	Maldiciente estáis, ¡que no os reduzga yo!
Hipólito	Advertid que no hay hombre hoy en Madrid de mejor lengua que yo. ¿Aquella no es Flora?
Luis	Sí.
Hipólito	Harto es que a fiesta de a pie haya venido.
Luis	¿Por qué?
Hipólito	Porque en mi vida la vi sino en coche; por aquesta fue por quien se ha presumido

                    que le dijo a su marido:
«Con lo que la casa cuesta
   de alquiler, echemos coche.»
Y volviéndole a decir:
«¿Pues dónde hemos de vivir
y estar el día y la noche?»
      Dijo: «Si el coche tuviera,
sin casa vivir podía
en el coche todo el día
y de noche en la cochera.»

Luis
      Eso es como lo que pasa
a doña Clara de Ovalle,
pues viviendo hacia la calle
le sobra toda la casa.

Hipólito
      Es verdad, y cierto día,
cumpliendo el plazo, el casero
vino a pedille el dinero
de la casa en que vivía,
   y ella dijo: «¿Hay tal traición?
¿Esta desvergüenza pasa?
Aunque yo alquilo la casa,
no vivo sino al balcón.»

Luis
¿Qué diera porque os oyera?

Hipólito
Por eso no lo oirá, no,
que anoche la dije yo
que de casa no saliera.

(Salen doña Clara e Inés, con mantos y con sombreros.)

Clara
Mejor mañana no vi

                    en mi vida.

Inés
                              Ni yo, a fe;
                    pero tápate.

Clara
                                ¿Por qué?

Inés
                    Don Hipólito está allí.

Luis
                    ¿Habéis visto en vuestra vida
                  mujer más airosa?

Hipólito
                                  No,
                  ni al Parque jamás salió
                  más aseada y bien prendida.

Luis
                  Pues la donada, por Dios,
                  que no es muy mala.

Hipólito
                            Embistamos
                  esta empresa, pues estamos
                  en el campo dos a dos.

Inés
                  Don Hipólito y don Luis
                  llegan a hablarnos.

Clara
                              Repara
                  en que de ninguna suerte
                  respondas una palabra,
                  que no quiero que los dos
                  me conozcan.

Inés
                          Si tapadas
                  estamos, y en este traje,

                      que es en el que todas andan,
                      ¿cómo te han de conocer?

Clara   Si le respondo, en el habla;
                      que persuadirse que puede
                      estar segura una dama
                      solamente con taparse,
                      es bueno para la farsa,
                      mas no para sucedido.

Hipólito   Señora doña tapada,
                      que a honrar el festín alegre
                      que hoy la primavera traza
                      en este verde salón
                      donde vivas flores danzan
                      al son del agua en las piedras
                      y al son del viento en las ramas
                      de rebozo habéis venido,
                      dad licencia cortesana
                      a un hombre para que os diga
                      que ha sido acción excusada
                      madrugar tanto, supuesto
                      que árbitro del Sol y el alba,
                      esa negra sutil nube
                      trae consigo la mañana,
                      y a cualquiera hora que vos
                      descubriérades la llama,
                      amaneciera y tuviera
                      luz el día, aliento el alba.
                      ¿No me respondéis? ¿Por señas
                      me habláis? No me desagrada.
                      ¿Ni aun para pedir no habláis?
                      ¿No? Pues sois la mejor dama
                      que he visto en toda mi vida.

| | Albricias me pide el alma
             de que me ha deparado una
             mujer que no pide y calla.

Luis   ¿Y vos también profesáis
             la religión cartujana?
             ¡Linda cosa, vive Dios,
             que ha dos mil años que andaba
             buscándoos! Mas que seáis
             tuerta, zurda, coja o manca,
             pedigüeña, melindrosa,
             contrahecha, roma o calva,
             desde aquí por vos me muero.

Hipólito   Ya que me negáis el habla
             como si hubiera reñido
             con vos, mostradme la cara.
             ¿Ni eso tampoco? Mirad
             que dais a entender que es mala.
             Es verdad; yo no lo dudo;
             mas mujer tan extremada
             no ha menester perfección
             mayor que no hablar palabra.
[Hace gestos ella.] Mas si yo no entiendo mal,
             eso es decir que me vaya;
             pero veis aquí que yo
             no quiero entenderos nada,
             que en mi vida he sido mudo
             y muy poco se me alcanza
             de esto de hablar con la mano.
             ¿Qué hacéis? ¿Volverme la espalda?
             Arte de enseñar a hablar
             a los mudos, oye, aguarda.

Luis	No vi mujer en mi vida
de mejor gusto.
Hipólito	Su casa
sepamos, que, vive el cielo,
que he de verla y he de hablarla
hoy en ella, hasta saber
en qué este embeleco para.
Luis	Sigámosla pues.
Hipólito	Sigamos,
que ya veis cuánto me arrastra
una mujer tramoyera,
pues el serlo solo es causa
de que a doña Clara ame,
y aquesta, si no me engaña
la pinta, lo es mucho más
que la misma doña Clara.

(Vanse y salen Arceo y Doña Lucía.)

Lucía	No me tienes que decir
que no te has de disculpar
de hacerme anoche esperar.
Arceo	No pude anoche venir,
vive Dios, doña Lucía.
Lucía	¿Pues qué tuviste que hacer?
Arceo	Si eso pudieras saber,
supieras que la fe mía
te trata verdad.

Lucía   ¿Pues qué
es que yo saber no puedo?

Arceo   No es nada.

Lucía   Ofendida quedo
dos veces de ti, porque
  no venir anoche a verme,
hoy venir y no fiarme
un secreto, es agraviarme,
Arceo.

Arceo   No sé qué hacerme...
Ea, no haya secreto entero,
que eres dueña y soy criado.
Anoche entró rebozado
en mi casa un caballero
  por mi señor preguntando...
—mas que has de callar advierte—.
Éste, pues, por una muerte
ausente está, y aguardando
  a mi señor, me detuvo...
—nadie, en fin, lo ha de saber—.
Pues hasta el amanecer
hablando con él estuvo;
  luego en casa se quedó
donde dice que ha de estar...
—mira que lo has de callar—
...escondido, y solo yo
  lo sé, que en fin soy secreto.
Don Juan de Guzmán se llama.
De la casa de una dama,
que esto no oí bien, en efeto,

       saliendo una noche, dio
       a un caballero la muerte
       y, en fin, está de esta suerte
       retirado donde no
        lo saben más que los dos.
       Y pues me fío de ti
       esto no salga de aquí.
       Dije. ¡Bendito sea Dios,
        que salí de este cuidado!

Lucía   Y yo por él darte quiero
       los brazos.

Arceo   Más bien espero.

(Sale Pernía, vejete.)

Pernía   A muy mal tiempo he llegado.
        ¿Hay tan gran bellaquería?

Arceo   Pernía a los dos nos vio.

Lucía   Poco importa, porque no
       es muy celoso Pernía.
       Mas vete de aquí.

Arceo   Sí haré,
       y corriendo como un potro.

[Vase.]

Pernía   Doña Lucía, si otro
       entrara como yo entré,
       ¡estaba bueno el honor

                   de esta casa! A mi señora
                   he de contar cuanto ahora
                   pasa, pues de tu rigor
                      vengarme, ingrata, no espero.
                   Hecho estoy un fuego, un rayo:
                   ¿de cuándo acá así un lacayo
                   se prefiere a un escudero?

Lucía   Unas cartas me ha traído
                   este hombre de un hermano
                   que está en las Indias, y es llano
                   que el abrazo el porte ha sido,
                      pues solo te quiero a ti.

Pernía   Pues trueca el modo, crüel,
                   y desde hoy quiérele a él
                   y dame el abrazo a mí.

Lucía   Sí abrazaré, procurando
                   hacer que calles, supuesto...
                   Mas mi señora...

(Sale Doña Ana.)

Ana   ¿Qué es esto?

Pernía   Es que aquí andan abrazando.

Lucía   Hame traído Pernía
                   nuevas de un hermano mío,
                   y gozoso mi albedrío
                   tales extremos hacía.

Pernía   Es, señora, caso llano,

	y creella te conviene.
(Aparte.)	(Para cada abrazo tiene doña Lucía un hermano.)
Ana	Salga y mire si está puesto el coche, que es hora ya de ir a misa...
[Vase él despacio.]	¿Pues no va presto?
Pernía	¿Aquesto no es ir presto?
Lucía	¿Tú, señora, tan dejada del aliño y la belleza, que, fuera de la tristeza, vives de ti descuidada?
Ana	No hay consuelo para mí, ni me has de ver en tu vida sino triste y afligida.
Lucía	¿Pues qué remedias así?
Ana	¿Quién te ha dicho que yo quiero remediar, sino sentir?, aunque si llego a advertir que es el remedio primero del mal el sentir el mal, por sentille más no sé si el sentirle dejaré, pues es mi desdicha tal que apeteciendo el morir sin pretender resistille,

33

      por no dejar de sentille
      le dejara de sentir.
       Desde el día que a don Juan
      en mi casa sucedió
      aquella desdicha, y yo
      veo que todos me dan
       la culpa sin merecella,
      tan muerta y tan otra estoy
      que aun sombra mía no soy.

Lucía   Si tan noble como bella
       tu perfección me asegura
      de callarlo, yo diré
      que a dónde está don Juan sé.

Ana   ¡Qué neciamente procura
       tu lisonja divertir
      mi mal!

Lucía   Yo sé dónde está,
      y aunque tú no lo oigas, ya
      lo tengo yo de decir.
       Don Juan a Madrid llegó,
      —mas que lo calles te pido—,
      y está en la casa escondido
      de nuestro vecino; yo
       lo sé porque una criada
      me lo ha dicho ahora a mí,
      pero no salga de aquí:
      ya ves que es cosa pesada.

Ana   ¿Qué dices?

Lucía   Lo que es verdad.

Ana	Siendo dicha mía, no sé
si algún crédito le dé
siendo esa temeridad.

(Salen Doña Clara e Inés.)

Inés	¿Qué es lo que tu pasión hacer procura?

Clara	¿Qué? Llevar adelante una locura,
que aunque nada importara
el verme don Hipólito de Lara,
por lo que se ha picado
no ha de salir hoy, no, de este cuidado.

Inés	Que hay aquí gente mira.

Clara	¿Faltará a una mujer una mentira
que la saque de otra? Dama hermosa,

[Se dirige a Doña Ana.]

si quien dice mujer dice piadosa,
un rato —mal mi pena significo—
que me dejéis entrar aquí os suplico
mientras que un hombre pasa
esa calle; sagrado vuestra casa
sea de mi cuidado,
pues casa de deidad siempre es sagrado.

Ana	Holgaréme, por cierto,
que sea, no sagrado, sino puerto,
pues la congoja vuestra
bien que os importa el ocultaros muestra.

Lucía — Un hombre aquí se ha entrado.

Clara — ¡Ay Dios!, que es mi marido, y pues me ha dado
vuestra piedad licencia,
aquí he de retirarme con prudencia.
Haced que una criada le despida,
porque me va la fama, honor y vida.

Ana — Pues decid...

Clara — Nada espero.

(Vase.)

Ana — Turbada me dejó con su sombrero.

Lucía — Yo voy tras ella, porque no sea ganga
y se eche alguna sábana en la manga.

(Sale Don Hipólito.)

Hipólito — Perdonad que a la esfera,
dosel florido de la primavera,
donde son vuestros bellos resplandores
la primera oficina de las flores,
pisar mi pie presuma
calzado más de plomo que de pluma.

Ana (Aparte.) — (Disimular fingiendo enojo intento.)
¿Quién os dio para tanto atrevimiento,
caballero, osadía?

Hipólito — Yo la tomé de la ventura mía,

      que hasta veros, divina
      deidad, vencer la nube que, cortina
      de humo, ocultaba el fuego,
      descanso no tuviera, y así luego,
      con el humo pasado
      y agora de esos rayos abrasado,
      llorar y arder presumo:
      arder del fuego, pues lloré del humo.

Ana   No entiendo, caballero,
      estilo tan cortés y lisonjero,
      ni sé qué causa he dado
      para que de esta suerte hayáis entrado
      en mi casa. Si esfera
      la llamáis de la hermosa primavera,
      no introduzgáis en ella tal desmayo
      que expire su esplendor antes del rayo;
      si humo seguís que en sombras se resuelve,
      no le esperéis, que el humo nunca vuelve,
      y si buscáis el fuego,
      no os acerquéis a él, y volveos luego,
      que no vive enseñado a acciones tales
      el antiguo blasón de estos umbrales.

Hipólito   Vos ni veros ni oíros
      en el Parque dejasteis, y el seguiros
      a riesgo de ofenderos,
      también fue por oíros y por veros;
      y ahora advierto que fuera acción piadosa
      oíros discreta cuando os miro hermosa,
      porque si allí sin veros os oyera,
      a la dulce armonía suspendiera
      el alma y el sentido,
      de esa voz que es veneno del oído;

y si hermosa os mirara
sin oíros discreta, aquí postrara
alma y vida en despojos
de esa luz que es veneno de los ojos;
y así, porque no muera al advertiros
tan hermosa, me da la vida oíros;
y así, porque no muera al conoceros
tan discreta, me da la vida el veros,
de suerte que mi vida
está de un daño y otro defendida.
Quedad con Dios, en fin, porque no quiero,
ya que he sido atrevido, ser grosero,
pues ser grosero culpa mía habría sido,
y vuestra lo ha de ser atrevido.

(Vase.)

Ana   ¿Hay cosa semejante?
¡Que entre un hombre marido y salga amante,
y de sus mismas penas descuidado,
llegue celoso y vuelva enamorado!

(Salen Doña Lucía, doña Clara, c Inés.)

Clara   ¿Fuese?

Ana   Sí.

Clara   Tus pies pido.

Ana   Vos tenéis un finísimo marido.

Clara   Harto a Dios lo que paso en eso ofrezco,
pues sabe Dios lo que con él padezco.

Ana	Creyó, en fin, que era yo, ¡raro suceso!, la dama que siguió, que aun para eso sirvió el sombrero y el estar con manto y el ser los trajes parecidos tanto que, como en los conceptos, repetidos se encuentran también dos en los vestidos.

(Sale Pernía.)

Pernía	Ya está el coche esperándote, señora.
Ana	Lucía, mira ahora la calle.
Lucía	Bien podrás seguramente salir.
Clara	Aquesa vida el cielo aumente.
Ana	Ved si serviros puedo en otra cosa.
Clara	Yo obligada quedo.

[Doña Clara habla aparte con Inés.]

(Y no sé si ofendida,
pues lo que no pensé en toda mi vida
que suceder pudiera,
que es tener celos yo —¿quién tal creyera?—
acaso ha sucedido.)

Inés	(¿Qué has sentido?)

Clara   (Que haya este hombre a otra enamorado
             y en mi misma presencia requebrado.)

(Vanse [doña Clara e Inés.])

Ana   Nada oigo, nada miro, nada siento,
             que para mí no sea otro tormento.

Lucía   ¿Pues qué tienes agora?

Ana   Ver que en todos la suerte se mejora,
             en todos convalece,
             y solo en mí de cualquier mal fallece.
             Cuando es culpada, halla esta la salida;
             así, inocente, pierdo yo la vida,
             porque no está la culpa en que lo culpa,
             sino en que fue dichosa la disculpa.

(Vanse y salen Don Pedro por la puerta derecha y Don Juan por la izquierda, que es por donde está la puerta izquierda de su aposento y encuéntranse en el tablado.)

Pedro   Seáis, don Juan, bien llegado.

Juan   Vos, don Pedro, bien venido.
             ¿Cómo en el Parque os ha ido?

Pedro   Mal.

Juan   ¿Cómo?

Pedro   Como he hallado
             la dama que iba a buscar

    y creo que son desvelos
de otro amante, cuyos celos
ando por averiguar,
   para que desengañado
cure con dolor al pecho,
que es mi amigo el que sospecho,
y está ya desconfiado.

Juan   ¿Es doña Clara la dama?

Pedro   Sí.

Juan   ¿Y el galán?

Pedro   Es un hombre
de buena opinión y nombre;
don Hipólito se llama,
   y esto para otro lugar.
¿Vos que habéis hecho?

Juan   Sentir,
desesperarme, morir
sin poderlo remediar.
   Decid, ¿qué traza daremos
para que logre mi fe
ver a doña Ana?

Pedro   No sé,
que no hay verla; mas pensemos
   si habrá por dónde.

(Sale Arceo.)

Arceo   Señor,

| | don Hipólito, un tu amigo,
te busca ahí fuera; testigo
no puede venir peor,
　que él dirá cuanto supiere. |
|---|---|

Juan
　　　　　　　Por lo que puede pasar,
presente tengo de estar
a cuanto aquí sucediere,
　a vuestro lado.

Pedro
　　　　　　　　　No es justo
que os vea; a vuestro aposento
os retirad.

Juan　　　　　　　Mucho siento...

Pedro　　　　　Don Juan, hacedme este gusto.

([Don Juan y Arceo se van al paño.] Sale don Hipólito.)

Hipólito　　　¿Qué hay, don Pedro, cómo estáis?

Pedro　　　　A vuestro servicio, ¿y vos?

Hipólito　　　Al vuestro.

Pedro　　　　　　　　¿Pues qué miráis?

Hipólito　　　Si hay aquí más que los dos.

Pedro　　　　No. ¿Qué queréis?

Hipólito　　　　　　　　　Que me oigáis.
　　　　　　　Esta mañana salí

                        a ese verde hermoso sitio,
                        a esa divina maleza,
                        a ese verde paraíso,
                        a ese parque, rica alfombra
                        del más supremo edificio,
                        dosel del Cuarto Planeta,
                        con privilegio de Quinto,
                        esfera, en fin, de los reyes,
                        de Isabel y de Filipo,
                        desde cuyo heroico asiento,
                        siempre bella y siempre invicto,
                        están, católicas luces,
                        dando resplandor al indio,
                        siendo en el jardín del aire
                        ramilletes fugitivos...

Pedro (Aparte.)   (¿En qué parará el venir
                        a contar lo que yo he visto?)

(Don Juan al paño.)

Juan   Sin duda sabe que allí
                        hoy a su dama ha seguido
                        y viene quejoso de él.
                        De todo estaré advertido.

Hipólito   De cuantas al alba dieron
                        envidia en varios corrillos,
                        tejiendo corros sin orden,
                        dando vueltas sin aviso,
                        una embozada hermosa
                        tal ventaja a todas hizo
                        que oscureció con su sombra
                        las demás luces: yo he visto

salir al campo a traer rosas
de sus jardines floridos,
pero a dejar rosas no,
sino hoy, que al desperdicio
de un pie debió el campo cuantas
fueron al contacto altivo,
quedando blancos jazmines,
quedando marchitos lirios.
Bajaba por una cuesta
una mujer, ¡qué mal digo!,
un encanto, sí, embozado;
disfrazado, sí, un hechizo.
El sutil manto en celajes
ya oscuros y ya distintos,
o negaba o concedía
el rostro. ¿Cuándo ha salido
más hermosa el alba? ¿Cuándo
se mostró el Sol más lucido,
que cuando el alba entre sombras,
que cuando el Sol entre visos
da regateada la luz
y anda dudoso el sentido
haciendo apuesta entre sí,
si lo ha visto o no lo ha visto?

Pedro (Aparte.) (Todo esto vendrá a parar
en que doña Clara ha sido,
por venir a hablar en ella.)

Juan ¡Oh, qué cansados estilos!

Hipólito Coronaba sobre el manto
los bien descuidados rizos,
airoso un blanco sombrero

por una parte prendido
de un corchete de diamantes
sobre un penacho que hizo
lisonja al aire, diciendo
a sus halagos rendido:
«Pues inclinada la frente,
sí a cuanto me dicen digo,
mejor que mi dueño yo
sé obligarme de suspiros.»
El talle era bien sacado,
y de buen gusto el vestido
más que rico; pero si era
de buen gusto ¿qué más rico?
Dejo aquí, por no cansaros,
lo que en el Parque tuvimos,
y voy a que la seguí
a su casa, que atrevido
entré en ella, que vi al Sol
cara a cara, que rendido,
lo que antes diera por verla
diera por no haberla visto
después, porque de sus rayos
mariposa mi albedrío,
entró enamorando el riesgo,
salió halagando el peligro.
Esta, pues, mal lisonjeada
beldad, turbado lo digo...

[Al paño.]

Arceo   Aquí es ello.

Juan   Escucha.

Pedro (Aparte.) (Ahora
se va a declarar conmigo.)

Hipólito ...es una vecina vuestra:
esa pared sola ha sido
la que su esfera divide,
y pues que como vecino
es fuerza...

Juan ¡Ay de mí! ¿Qué escucho?

Pedro (Aparte.) (¿Qué haré si don Juan lo ha oído?)

Hipólito ...que sepáis quién es, decidme
su nombre, porque atrevido
pienso adorar su belleza,
y para todo es arbitrio
entrar, don Pedro, informado,
y más de tan buen amigo.

Juan Estaba por responderle
yo.

Arceo Detente.

Pedro (Aparte.) (¿Quién se ha visto
en igual duda? ¿Qué haré?
Si quién es aquí le digo
será alentar su esperanza;
si lo niego es desvarío,
pues podrá saberlo de otro;
si el amor le significo
de don Juan, su honor ofendo...
Mas queden con buen estilo

                    un amor desengañado,
                    un honor seguro y limpio,
                    y atajados unos celos
                    con la verdad, sin peligro
                    de no decir la verdad.
                    Mucho haré si lo consigo.)
                    Don Hipólito, pues ya
                    vuestra relación he oído,
                    oídme a mí, y agradeced
                    de que tan a los principios
                    os halle este desengaño.
                    La dama que habéis seguido,
                    doña Ana de Lara es,
                    y más que por su apellido
                    ilustre por su virtud,
                    que esa casa que habéis dicho
                    es el templo de la Fama;
                    paréceme desvarío
                    seguir ese galanteo
                    que os aseguro, os afirmo,
                    que intentáis un imposible.

Hipólito   Yo noticia os he pedido,
                    no consejo, y pues la llevo,
                    quedad con Dios, que si altivo
                    muriere mi pensamiento
                    osado y desvanecido,
                    de atrevimiento tan noble
                    ¿qué más premio que el castigo?

(Vase y sale don Juan.)

Juan   Decidme ahora, don Pedro,
                    que el Sol apenas ha visto

	en esta ausencia a doña Ana;
	más diréis bien, si ha salido
	de su casa antes que el Sol
	a ser del Parque prodigio.
Pedro	No sé qué os diga.
Juan	Yo sí.
Pedro	¿Qué?
Juan	Que huyamos el peligro;
	ya la he perdido dos veces;
	ya verla ni hablarla estimo.
	Haced que me busquen postas,
	que esta noche, ¡ah, cielo impío!,
	he de volver de una vez
	la espalda.
Pedro	Mirad...
Juan	Ya miro
	que en mi presencia hallo a otro
	en su casa, ¡estoy sin juicio!,
	y que en mi ausencia después
	sale, ¡con razón me aflijo!,
	a ser vista, ¡qué rigor!,
	de donde trae, ¡qué martirio!,
	nuevo amor. ¡Oh, quién quitara
	del año este mes florido!
	Mas no tiene culpa él;
	yo sí, que una sombra sigo,
	yo sí, que un áspid adoro,
	yo sí, que amo un basilisco.

Mañanas de abril y mayo:
noches para mí habéis sido.

Fin de la primera jornada

Jornada segunda

(Salen Inés y Doña Clara, afligida.)

Inés
    ¿Tú triste, tú pensativa,
melancólica y suspensa,
tan bien perdida y tan mal
hallada contigo mesma?
¿Dónde, señora, está el brío,
el buen gusto, la belleza,
y el despejo?

Clara
    No lo sé;
y no es mucho, ¡ay Dios!, que necia,
pues que no sé de mi vida,
de mis acciones no sepa.
¿Quién creerá de mí, ¡ay de mí!
que yo llore y que yo sienta
desaires de un hombre? ¿Yo,
que tan altiva y soberbia
me llamé la vengadora
de las mujeres, sujeta
tanto a un desaire me veo?

Inés
    Yo no sé qué razón tengas
para tanto sentimiento,
pues si bien se considera
él te siguió a ti y tú fuiste
la causa de la fineza.
Luego si estás ofendida
y obligada también, sea
tu mal consuelo de otro,
supuesto que representas,
despreciada y pretendida,

              la celosa de ti mesma.
              Ya fue el cuidado por ti,
              pues por ti en la casa entra
              de la otra, y si se halla
              tan empeñado con ella,
              ¿cómo se puede excusar
              de andar galán? Considera
              que si has de olvidar a un hombre
              porque a una hable y a otra vea,
              no hay que querer a ninguno,
              que maldito de Dios sea,
              señora, el que hay que no diga
              lo mismo a cuantas encuentra.

Clara   Con todo eso, ya llegué
              —confieso que anduve necia—
              a darme por entendida
              de este agravio con mis penas,
              y me tengo de vengar.

Inés   ¿De qué suerte?

Clara   Escucha atenta
              Un papel le he de escribir
              disfrazándole mi letra
              y escribiéndomele tú,
              en nombre de la encubierta
              dama, diciéndole en él
              cuán obligada me deja
              su cortesía, y que quiero
              hablarle a solas, que tenga
              una silla prevenida
              y una casa donde pueda
              verle esta tarde. Él, muy vano,

	creído de su soberbia, pensará que tiene lance; y para que no le tenga iré yo, y será buen paso lo que hará cuando me vea.
Inés	¿Y qué consigues con eso?
Clara	Dos cosas: es la primera burlarme de él; la segunda desengañarle, y que sepa que fui la tapada yo, porque no se desvanezca presumiendo que la otra le dio ocasión de que fuera tras ella, y su galanteo prosiga.
Inés	¿Esa diligencia no pudiera hacerse en casa?
Clara	Con venganza no pudiera.
Inés	No sé si aciertas en eso.
Clara	¿Cómo?
Inés	Yo te lo dijera, si él y aquel don Luis no entrara.
Clara	Pues disimula, no entiendan hasta este lance, que fuimos las tapadas.

(Salen Don Hipólito y Don Luis.)

Hipólito		Considera,
don Luis, que importa sacarme
presto de aquí.

Luis		Sí haré.

Clara		¿Era,
señor don Hipólito, hora
de veros? ¿Tan larga ausencia?
Desde ayer no me habéis visto.

Hipólito		Solo pudiera esa queja
hacer mi ausencia feliz,
que es sutil estratagema
de amor, que una pena misma
hacerse lisonja sepa.
Mas no vine esta mañana
presumiendo que estuvieras
en el Parque, como anoche
dijiste.

Clara		Detén la lengua.
¿Pues si anoche me dijiste
que de casa no saliera,
había de salir de casa?
¡Jesús! ¡De mí no se crea
tal desenvoltura, tal
liviandad de mi obediencia!

Luis		Harto le encarezco yo
a don Hipólito esa
verdad, y cuán obligado

	debe estar de esa fineza,
	y aun él la conoce bien,
	pues la paga con la mesma.
Clara	¿Luego él al Parque no fue?
Hipólito	¡Jesús! ¿Pues tal de mí piensas,
	sabiendo que para mí
	no hay, Clara, holgura ni fiesta
	donde tú no estás?
Clara	Y yo
	lo creo como si lo viera,
	pues si tú hubieras estado
	hoy en el Parque, hoy hubiera
	estado en el Parque yo,
	claro está, y es cosa cierta,
	pues si yo en tu pecho vivo
	y tú en el pecho me llevas,
	contigo hubiera yo estado
	disfrazada y encubierta.
Hipólito (Aparte.)	(¡Qué fácil es de engañar
	a la mujer más discreta!)
Clara (Aparte.)	(¡Que sea bobo el más bellaco
	de los hombres!)
Inés (Aparte.)	(Hombres y hembras
	así unos a otros se engañan
	cuando que se quieren piensan.)

(Hácele señas Luis.)

Luis	Aunque es el primer precepto
de amor no estorbar, licencia
me daréis para que os diga
que unos amigos me esperan
donde me importa llevar
a don Hipólito. Esta
ausencia os deba el ser yo
tan vuestro criado.
Clara	Cesa,
don Luis, que no es esta sala
donde hablar la parte es fuerza
por procurador. Si él quiere
hablar, hable, y no por señas.
Id, don Hipólito, a Dios,
que esta casa siempre es vuestra
para iros y para estaros,
pues siempre de la manera
que abierta para que entréis,
para que os vais está abierta.
Pon esos hombres, Inés,
en la calle, y luego cierra
las puertas.
Hipólito	Escucha.
Clara	¿Yo
escucharte?
Luis	Considera
que si yo tuve la culpa
no ha de tener él la pena.
Clara	Yo no me enojo con él

(Aparte.) ni con vos; doy la licencia
que me pedis. (Mucho hago
en no declarar mis quejas,
porque estoy muy enfadada
en verlos hablar por señas.)

(Vanse las dos.)

Hipólito   ¿Qué os parece, don Luis,
de este amor, de esta fineza?

Luis   Que vos habéis reducido
a precepto y obediencia
la condición más rebelde
de una mujer. ¿Quién creyera
que doña Clara llegara
nunca a verse tan sujeta
que no saliera de casa
por decir que no saliera?
En fin, todo se os rinde.

Hipólito   Yo tengo notable estrella
con mujeres.

Luis   Bien se ve,
pues habéis triunfado de esta.
Pero decidme ¿a qué efeto
ha sido lo de la priesa
de que salgamos de aquí?

Hipólito   ¿Tan mal mi dolor lo muestra
que ha menester explicarle
más que el afecto la lengua?
¿No os dije que la tapada

                        vi en su casa descubierta,
                        donde, porque entrara yo,
                        os quedasteis a la puerta?
                        ¿No os dije cómo la hablé,
                        y que es entendida y bella,
                        sin que subsidios de hermosa
                        den excusados de necia?
                        ¿No os dije cómo, informado
                        de don Pedro, dijo que era
                        rica y noble?

Luis   Sí.

Hipólito   ¿Pues cómo
                        dudáis dónde voy? ¿No es fuerza
                        que vaya a estarme en su calle?
                        No digo bien; en la esfera
                        luciente del mejor Sol,
                        a cuya dulce violencia
                        arde abrasada la pluma
                        y derretida la cera.

Luis   ¿No creéis al desengaño
                        de decir don Pedro que era
                        la pretensión imposible
                        por su virtud y sus prendas?

Hipólito   Si es esa otra parte más
                        para ser amada, esa
                        es hoy la que más me anima,
                        es hoy la que más me alienta.

Luis   Pues ¿y la comodidad?

Hipólito

> ¿Pues no es comodidad esta,
> si es rica, noble y hermosa,
> de buena opinión y honesta,
> y puedo dentro de un mes
> estar casado con ella?

(Sale Inés con manto.)

Inés

> Apriesa escribió mi ama
> el papel, y más apriesa
> yo tras ellos me he venido,
> y cogiéndoles las vueltas
> hasta la calle he llegado
> de la madama, y aun ésta
> es su casa. Allí se paran.
> Yo no quiero que me vean
> tras ellos, porque no echen
> de ver que los seguí. Sea
> otra vez de mi delito
> sagrado su casa mesma.

Hipólito

> Ésta es la calle feliz...
> ¿pero quién dudar pudiera
> que había de vivir Flora
> en la calle de las Huertas?
> Este es el balcón por donde
> en tornasoles envuelta
> sale el alba a todas horas,
> de jazmines y azucenas
> coronada, pues el día
> en sus umbrales despierta.

Inés

> Ya de que los he seguido
> desmentida la sospecha

	está. Daréle el papel
como mi ama lo ordena.
Vuelvo a penar en lo mudo.
Luis	Una mujer encubierta
ha salido de su casa.
Hipólito	Y hacia nosotros se acerca.
Luis	De las dos debe de ser,
pues que vuelve a hablar por señas.
Hipólito	Estas mujeres, sin duda,
en casa el hablar se dejan
cuando salen de ella, pues
solo hablan dentro de ella.
¿Es a mí? ¿Sí? Pues ya estoy
aquí, ¿qué quieres?. Espera,
mujer.
Luis	Aquello es decir
que no la sigáis.
Hipólito	Ligera
volvió la espalda, avisando
que calle y el papel lea.
(Lee.)	«El mayor argumento de la nobleza
fue siempre la cortesía. La vuestra
me asegura la verdad de todo, y así,
os he menester para fiar de vos un
secreto. Tened una silla para luego
en San Sebastián y una casa donde
pueda hablaros. Dios os guarde.

La dama muda.»

¿Qué decís de este papel?
Decid ahora que crea
a don Pedro, y que desista
de la posesión.

Luis
          Empresa
notable seguís.

Hipólito
          ¿No os digo
que yo tengo linda estrella
con mujeres?

Luis
          ¿Qué habéis
de hacer?

Hipólito
          Todo cuanto ordena,
y así, entre los dos partamos
ahora las diligencias,
que este es oficio de amigo.
Id, don Luis, por vida vuestra,
pues venimos sin criado
por la silla, y esté puesta
al punto en San Sebastián
como dice, y cuando venga
le diréis que por no dar
de aquesto a un criado cuenta
os la di a vos, porque hagamos
la necesidad fineza,
que yo os espero en mi casa.

Luis
    ¿Y si doña Clara acierta
a ir allá?

Hipólito　　　　　Habéis reparado
　　　　　　bien, que gran disgusto fuera
　　　　　　que ella llegara a saberlo.
　　　　　　¿Qué haremos?

Luis　　　　　　　　　Pues es tan cerca
　　　　　　la casa de este don Pedro,
　　　　　　mejor es llevarla a ella.

Hipólito　　　　　Es verdad; prevenid vos
　　　　　　la silla, por vida vuestra,
　　　　　　mientras prevengo la casa.

Luis　　　　　　Oíd, de la suya mesma
　　　　　　otras dos salen.

Hipólito　　　　　　　Mirad
　　　　　　si lo han tomado de veras;
　　　　　　no malogremos la dicha.
　　　　　　Vámonos sin que nos vean,
　　　　　　que estando aquí podrá ser
　　　　　　que ir a otra parte no quieran.

Luis　　　　　　Voy a prevenir la silla.

(Vanse. Salen Doña Ana, Doña Lucía y Pernía.)

Lucía　　　　　　¿Qué es, señora, lo que intentas?
　　　　　　¿En este traje de casa
　　　　　　sales?

Ana　　　　　　　A esto amor me fuerza.
　　　　　　En la casa de don Pedro

	he de entrar, ya estoy resuelta,
	hasta saber si don Juan
	en ella se oculta o cierra.
Lucía	¿Pues dónde vas? Ésta es
	la casa.
Ana	¿No eres más necia?
	Pasa de largo, porque
	deslumbremos las sospechas
	si acaso me ha visto alguno
	salir de casa. ¡Ay don Juan;
	ay, amor, lo que me cuestas!

(Vanse y salen Don Juan y Don Pedro.)

Pedro	Notable sois, por cierto.
Juan	¿No lo he de ser, don Pedro, si estoy muerto
	de celos y de agravios,
	las manos sin acción, la voz sin labios?
Pedro	Si yo de vuestros celos
	os traigo averiguados los recelos
	y deshecho el engaño
	¿qué os quejáis?
Juan	Para mí no hay desengaño
Pedro	Pues yo puedo deciros
	que solo por serviros,
	ahora cauteloso
	y con vuestro poder, don Juan, celoso,
	de uno y otro criado

	en casa de doña Ana me he informado
	si salió esta mañana
	al Parque, y dicen todos que doña Ana
	solo a misa ha salido
	en su coche a las once y nadie ha habido
	que lo contrario diga.

Juan   ¿Pues quién a don Hipólito le obliga,
don Pedro, a haber mentido?

Pedro   Asegurad vos bien vuestro partido,
pero no averigüéis tan neciamente,
puesto que miente el otro, por qué miente.

Juan   ¿Queréis ver cuán atento
estoy a mi dolor y a mi tormento?
Pues con creer el daño como a daño,
me ha sosegado en parte el desengaño,
y así, aunque no quería
ver a doña Ana, al expirar el día
verla y hablarla quiero,
y decir, ya que muero, por qué muero,
quejándome de todo.

Pedro   Pues yo os diré, ya que así estáis, el modo
que me parece que hay de prevenilla:
vos habéis de escribilla
un papel que ha de dalle ese criado...
mas luego lo diré, porque han llamado.

(Sale Arceo.)

Arceo   Hasta aquí don Hipólito se entra.

Pedro   Ya veis lo que perdéis si aquí os encuentra.
              Yo saldré a recibille.

Juan   Eso no, porque yo tengo de oílle.

Pedro   ¿Pues no os fiáis de mí?

Juan   Yo sí me fío,
              mas es desconfiado el valor mío.

Pedro   Yo estoy tan satisfecho
              del honor de doña Ana, que sospecho
              que viene a retratarse,
              y así muy poco llega a aventurarse.
              Retiraos.

Juan   Piedad, cielos;
              escuche dichas quien escucha celos.

(Se va al paño, tras una puerta. Sale Hipólito.)

Hipólito   Don Pedro, siempre vengo
              a vos, o con el mal o el bien que tengo:
              ya que de vos me fío
              amparadme, pues sois amigo mío.
              Doña Ana...

Pedro (Aparte.)   (¿Hay semejante
              confusión?) No paséis más adelante;
              no tenéis que decirme
              que a vuestra pretensión constante y firme
              está, que yo lo creo como es justo.

Hipólito   Lejos dais de mi dicha y de mi gusto,

	que es lo contrario lo que hablaros quiero.
Pedro (Aparte.)	(¡Cielos! ¿Qué es esto?)
Juan	Hasta escucharlo espero.
Pedro (Aparte.)	(¿Qué he de hacer, porque temo que pase este negocio a más extremo.)
Hipólito	Doña Ana, en fin...
Juan	¿Quién mi desdicha ignora?
Pedro	Esperad un instante. Cierra. Hablad ahora.
Hipólito	¿Por qué cerráis?
Pedro (Aparte.)	No quiero que esa puerta, cuando fuera me voy, se quede abierta (Con eso he asegurado aquí de dos cuidados un cuidado: celos y riesgo le han buscado, cielos; estorbe el riesgo, ya que no los celos.)
Hipólito	Doña Ana, pues, este papel me escribe. Que busque donde hablarla me apercibe, y pues mi dicha pasa tan adelante, dadme vuestra casa adonde pueda vella; tapada vendrá a ella; yo he menester a Arceo que se venga conmigo, que deseo, mientras llega, advertido, tener algún regalo prevenido.

               Y pues que la respuesta
               ha de ser ayudar dicha como esta,
               quedad con Dios, que con el bien que toco,
               loco debo de estar, si no muy loco.

Pedro   Oíd, mirad...

Hipólito   No me deja mi deseo,
               ni lo esperéis, que yo me llevo a Arceo.

(Vase.)

Pedro   ¿Qué haré de dos amigos empeñado,
               si uno me busca y otro está encerrado,
               y ambos de mí se fían? Triste llego
               a abrir las puertas, y en las dudas ciego.
[Abre y sale Don Juan.] Don Juan, viendo que aquí, ¡confusión brava!
               una desdicha y otra hoy os buscaba,
               en deshecha fortuna,
               quise de dos embarazar la una,
               y porque no saliérades restado,
               ya que celoso...

Juan   Todo fue excusado,
               que oyendo lo que oí, aunque estuviera
               abierto no saliera,
               pues a tal desengaño, cosa es clara
               que esperara hasta verle cara a cara:
               necedad en el mundo introducida,
               solicitar lo que quitó la vida.

Pedro   Esa ahora es mi duda:
               yo no sé cómo a tanto empeño acuda.
               Don Hipólito, ¡ay, cielos!, este día

	de mí su gusto y vuestra pena fía;
	mi obligación en vuestras manos dejo:
	¿qué hiciérades? ¡Ay Dios! Dadme consejo.

Juan	Yo no sé lo que hiciera
	si vos, don Pedro, fuera,
	en un caso tan nuevo,
	mas siendo yo, bien sé lo que hacer debo,
	que es, aunque el alma en celos se me abrasa,
	el respeto guardar a vuestra casa;
	mas fuera de ella le daré la muerte,
	ya que el duelo de amor es ley tan fuerte
	que dispone severa
	que ofenda la mujer y el hombre muera.

Pedro	Vos no habéis de salir de aquí.

Juan	Es en vano,
	que he de salir.

Pedro	Vuestro peligro es llano.

Juan	¿Y esotro no lo es? ¿Queréis que vea
	hoy mis desdichas yo? Pues así sea.
	Que aquí me estaré, digo,
	y que de mi dolor seré testigo.
	Venga doña Ana de otro enamorada
	y... mucho iba a decir; no digo nada

Pedro	Eso tampoco es justo.

Juan	¿Pues ni irme ni quedarme no os da gusto?
	Estoy perdido y loco:
	¿qué queréis?

Pedro   No lo sé.

Juan   Ni yo tampoco.

Pedro   Solo deciros quiero
que aunque como desdichas las espero,
estoy tan confiado
del honor de doña Ana, que he pensado
que este se desvanece
o que su amor algún error padece.

Juan   ¿Confianza tan vana
de qué os nace?

Pedro   De ser quien es doña Ana,
que es mujer principal.

Juan   Necio anduviste,
si antes que principal, mujer dijiste,
y ved si engaño habrá, que ya han entrado
dos mujeres.

Pedro   Yo estoy desesperado,
pues consultando extremos,
tratando mucho nada resolvemos
y ya el lance llegó; no sé qué hacerme.
Escondeos.

Juan   Yo no tengo de esconderme.

Pedro   ¿Pues queréis que aquí os vean?

Juan   ¿Habrá desdichas que mayores sean?

Pedro   Haced esto por mí hasta que sepamos
              la verdad, y después los dos muramos
              en la defensa del agravio vuestro.

Juan   Mi amistad así os muestro,
              pero con condición, ¡desdicha grave!,
              que a aquesta puerta he de quitar la llave
              y ha de estar siempre abierta.

(Vase [y queda al paño en lo que sigue]. Salen Doña Ana, Doña Lucía y Pernía.)

Lucía   Oye, Pernía, quédese a la puerta

Ana   Señor don Pedro Girón,
              muy admirado estaréis
              de ver hoy en vuestra casa
              entrarse así una mujer.
              Galán y discreto sois,
              y como todos, sabéis
              que extremos de amor obligan
              a más extremos, y pues
              de alguno se han de fiar
              ¿de quién, don Pedro, de quién
              mejor que de vos, que sois
              noble, entendido y cortés?

(Descúbrese.)

Pedro (Aparte.)   (Ya no me queda esperanza;
                  doña Ana, vive Dios, es.)

Juan   ¡Y querrán que calle yo!
              Mas puesto que así ha de ser,

               arded, corazón, arded,
que yo no os puedo valer.

Ana   Ya que con vos declarada
estoy, don Pedro, sabed
en lágrimas y suspiros
mis desdichas de una vez.
Y pues sabéis que he venido
a vuestra casa, sabed
—¡cuánta vergüenza me cuesta!—
ay, señor don Pedro, a qué.
Un hombre vengo a buscar,
porque de muy cierto sé
que le puedo hallar en ella.

(Saliendo [don Juan].)

Juan   Adiós, don Pedro, porque
darme tormento de celos
y querer que calle, es
nuevo rigor. Yo confieso
que es mi delito querer,
si eso pretendéis de mí.

Ana   Don Juan, mi señor, mi bien.

Juan   Doña Ana, mi mal, mi muerte.

Ana   Dadme los brazos.

Juan   Detén;
no con los brazos añadas
al tormento otro cordel,
pues ya he dicho la verdad.

Pedro (Aparte.)　　(No sé, vive Dios, qué hacer;
　　　　　　　　　mas porque ni uno entre, ni otro
　　　　　　　　　salga, el paso cerraré.)

[Va a cerrar.]

Juan　　　　　　　No cerréis, porque he de irme.

Ana　　　　　　　No ha de irse; sí cerréis.
　　　　　　　　¿Pues cómo tan riguroso,
　　　　　　　　cómo tan tirano, pues,
　　　　　　　　agradeces de esa suerte
　　　　　　　　haberte venido a ver?

Juan　　　　　　　¿A quién?

Ana　　　　　　　　　　　A ti, porque supe
　　　　　　　　que aquí estabas.

Juan　　　　　　　　　　　　　¡Bien, a fe!
　　　　　　　　¡Buena disculpa has hallado!
　　　　　　　　¡Ah, fiera! ¡Ah, ingrata! ¡Ah, crüel!
　　　　　　　　¡Qué pronto vive a mentir
　　　　　　　　el ingenio en la mujer!

Ana　　　　　　　Don Juan, si de las pasadas
　　　　　　　　ofensas, al parecer
　　　　　　　　justas, te dura el enojo
　　　　　　　　y huyes de mí, ¡ay Dios!, porque
　　　　　　　　estás engañado, ya
　　　　　　　　te vengo a satisfacer.
　　　　　　　　Aquel hombre a quien le diste
　　　　　　　　la muerte...

Juan 	Yo no hablo de él.
　　　　　　　　　Mira, mira tus engaños
　　　　　　　　　cuáles han llegado a ser,
　　　　　　　　　pues quejándome de uno
　　　　　　　　　a otro respondes, y pues
　　　　　　　　　son tantos que unos a otros
　　　　　　　　　se embarazan, no me des
　　　　　　　　　satisfación de ninguno,
　　　　　　　　　que mejor será tener
　　　　　　　　　queja de todos, que al fin
　　　　　　　　　está mejor puesto aquel
　　　　　　　　　que antes que mal satisfecho
　　　　　　　　　se queda quejoso bien.

Ana 	No te entiendo; y si es la queja
　　　　　　　　　que yo imagino que es
　　　　　　　　　la que tú sientes, señor,
　　　　　　　　　¿de qué te quejas, de qué?
　　　　　　　　　que nunca causa te he dado.
　　　　　　　　　Pero si no puede ser
　　　　　　　　　darla yo, que nunca causa
　　　　　　　　　te ha dado mi estrella, ten
　　　　　　　　　el paso y dime qué es esto.

Juan 	Traiciones tuyas, si bien
　　　　　　　　　no siento que sean traiciones
　　　　　　　　　porque te llego a perder,
　　　　　　　　　pues lo que llego a sentir
　　　　　　　　　solo, he de decirlo, es
　　　　　　　　　que otro merezca en un día
　　　　　　　　　lo que en siglos no alcancé
　　　　　　　　　a merecer yo, y en fin,
　　　　　　　　　me consuela en parte que

	él no te ha llegado a amar
	pues te llega a merecer.
Ana	Si mi desdicha, don Juan,
	se ha sabido disponer
	otra evidencia aparente
	que yo no alcanzo ni sé,
	¿cómo he de desengañarte?,
	¿cómo te he de responder?
	¡Vive Dios que te han mentido!
Juan	Es verdad; contigo hablé.
Ana	¿Quién te lo dijo?
Juan	El galán
	a quien tú vienes a ver.
Ana	Yo a verte a ti, don Juan, vengo.
Juan	Es verdad, dices muy bien.
Ana	Porque supe que aquí estabas.
Juan	¿De quién pudiste, de quién?
Ana	De esa criada.
Juan	Por cuanto
	llegara el testigo a ser
	que no fuera tu criada,
	que criadas y amas tenéis
	pacto explícito a mentir.

Ana	Esta es verdad.
Juan	¿Quién tal cree?
Ana	Quien quiere bien.
Juan	Pues yo quiero muy mal por aquesta vez.
Ana	Pues muera de desdichada.
Juan	Y yo de infeliz también.

[Dentro Arceo.]

Arceo	Abran aquí.
Pedro (Aparte.)	(Esto es peor. No sé, vive Dios, qué hacer, que don Hipólito viene.)
Juan	¿Quieres, ingrata, saber, si me has mentido? Pues este el galán que buscas es.
Ana	Yo me huelgo de que sea, puesto que no puede ser el que busco, el que imaginas. Abra don Pedro, entre pues, y sepa don Juan que miente el que contra mi altivez bajo concepto ha formado.
Juan	Plega a Dios, y aquesta vez,

      o por vivir o morir,
      escuchando te estaré,
      supuesto que es ya mi vida
      el juego del esconder.

(*Escóndese. Abre don Pedro y sale Arceo con una fuente con dulces de ladrillo.*)

Arceo   ¿Tanto tardan en abrir
      a quien llama con los pies,
      que es señal que trae algo
      en las manos? ¡Vive diez
      que queda saqueada toda
      la tienda del portugués!
      Ya don Hipólito viene,
      señora... ¿Pero qué ven
      mis ojos? ¿Doña Lucía
      en mi casa?

Lucía   Aquesta vez,
      por el chisme de una dueña
      muertes de hombres ha de haber.

(*Sale don Hipólito.*)

Hipólito   ¿Si habrá don Luis llegado
      con la silla? Sí, pues ver
      puedo la dama. ¡Ay, amor;
      todo ha sucedido bien!
      Seáis, señora, bien venida
      a este, aunque humilde, dosel
      del mayo y el Sol, ya esfera
      de verdor y rosicler.

Ana (Aparte.)	(¡Cielos, ¿qué pasa por mí? ¿Este el marido no es de la que hoy se entró en mi casa?)
Juan	¿Quién vio lance más crüel?
Pedro	Mal se va poniendo todo.
Hipólito	Don Pedro, no tan penada tengáis a esta dama; ved que por vos no se descubre.
Pedro (Aparte.)	Yo, por no estorbar, me iré. (Mas será a estar a la mira.)
Ana	Don Pedro, no os ausentéis, porque habéis de ser aquí de cuanto pasare juez. Caballero, a quien apenas vi, pues si os vi a penas fue, ya que por vos las padezco: ¿conocéisme?
Hipólito	No y sí, pues en este instante os conozco y os desconozco también. Conózcoos, pues que quién sois muy bien informado sé, y desconózcoos, señora, porque de esa suerte habléis. Si os vi en el Parque primero y en vuestra casa después, si para venir a hablaros llamado fui de un papel,

                    y si habéis venido donde
                    yo os traigo, ¿cómo o por qué
                    así os extrañáis de verme
                    donde me venís a ver?

Juan   ¡Querrán doña Ana y don Pedro
                    que esto llegue a oír y ver
                    y no salga! ¡Vive Dios,
                    que infamia del amor es!

Ana   ¿Yo a veros a vos? Mirad
                    lo que decís, no busquéis
                    desengaños que a vos solo
                    mal el saberlos esté.
                    Yo en mi vida al Parque fui,
                    ni en él os vi ni os hablé;
                    si os entrasteis en mi casa,
                    no me preguntéis a qué,
                    que aunque lo puedo decir
                    vos no lo podéis saber,
                    que habéis de ser el postrero
                    que el desengaño toquéis.
                    Baste decir que engañado
                    estáis, y que me dejéis,
                    que puede ser sea causa
                    de todo vuestra mujer.

Hipólito   ¿Mi mujer? Ahora conozco
                    de qué ha podido nacer
                    vuestro enojo. Yo hice mal
                    en traeros aquí; haced
                    la deshecha norabuena,
                    pero no me acumuléis
                    que soy casado, que es susto

	de que jamás sanaré.
Pedro (Aparte.)	(Ya ni aun a mentir no acierta doña Ana.)
Juan	Ni yo a tener paciencia, pero si salgo rompo de amistad la ley, a doña Ana la destruyo y a mí me pierdo también; en efeto, pues en medio han de estar su criado y él, y es hacer ruido no más dejando la duda en pie. Pues sufrirlo es imposible, que ¿quién ha podido, quién oír requebrar a su dama? Haya un medio entre los tres, como yo solo me pierda donde... pero esto después ha de decir el suceso; ya he visto cómo ha de ser,
(Vase.)	
Ana	Dejadme, señor, por Dios, y porque mejor miréis que huyo de vos, y lo más a que se puede atrever una mujer como yo, a voces digo que quien en este aposento está, mi dueño y mi amante es, y es a quien vine a buscar

       y es a quien yo quiero bien,
       porque a vos no os escribí,
       ni os vi en mi vida, ni hablé,
       desmintiendo de esa suerte
       su peligro y mi desdén.

[Vase por la puerta donde estaba escondido Don Juan.]

Hipólito
       Cerró la puerta, ¿quién vio
       más tramoyera mujer?
       Desde el punto que la vi
       enredadora la hallé.

Pedro (Aparte.)
       (Bien cuerda resolución
       tomó doña Ana, porque
       con esto estorba que salga
       don Juan, que es lo que a temer
       llegué siempre.)

Hipólito
                   Estoy confuso,
       y qué he de decir no sé.

(Sale Don Luis.)

Luis
       Yo llego a muy buena hora:
       don Hipólito, ahí está
       aquella señora ya
       en la silla.

Hipólito
            ¿Qué señora?

Luis
       La que esperáis.

Hipólito
              ¿Qué decís?

Luis	Que tomó en San Sebastián la silla, y que afuera están.
Hipólito	Engañado estáis, don Luis, porque la dama a quien yo vengo a ver, ya estaba aquí cuando vine.
Luis	¿Cómo así, si ahora conmigo llegó en la silla la mujer que hoy en el Parque topamos, a quien seguimos y hablamos?
Hipólito	¿Eso cómo puede ser si la misma, destapada, aquí la he visto y hablado y en este aposento ha entrado?
Luis	No quiero deciros nada, sino que entra ya.
Hipólito	¡Por Dios, que es rigurosa mi estrella!

(Salen doña Clara e Inés.)

Luis	Decí ahora si es aquella.
Hipólito	O es ella o ellas son dos.
Pedro	¿Veis, don Hipólito, veis cómo la dama que estaba

                            hoy aquí a vos no os buscaba?

Hipólito   Quitarme el juicio queréis.
                    Mujer dos veces tapada,
                    que a mi deshecha fortuna,
                    por si se me pierde una
                    se me envía duplicada,
                        ¿no me hablaste en el Parque hoy?,
                    ¿no eres tú la que seguí
                    y la que en tu casa vi?
                    Confuso otra vez estoy.

(Hace señas a todas las preguntas que sí [y luego se destapa].)

Clara   Yo soy, el mi caballero,
                    ya que descubierta os hablo,
                    aquella habladora muda
                    por las lecciones de un manto,
                    que viendo que era muy poca
                    vitoria, muy poco aplauso
                    de toda aquesta mujer
                    un hombre no más, buscando
                    ocasión de que alcanzara
                    sola una parte del lauro,
                    le quise dar de ventaja
                    la discreción a mi garbo.
                    Bien pensó vuesa merced,
                    muy necio y muy confiado,
                    que tenía muerta al vuelo
                    la hermosura de los campos.
                    Pues no, señor para todas,
                    y conozca escarmentado
                    que ha dado vuesa merced,
                    por lo entendido o lo raro,

mala cuenta de su amor,
pues deja este desengaño
vengada la hermosa Filis
de los desdenes de Fabio;
pues cuando fuera verdad
que yo le amara, pues cuando
fuera verdad, y celosa
aquí le hubiera buscado,
el verme vengada solo
me hubiera el amor quitado.
Yo lo estoy con que haya visto
que los celos que me ha dado
han sido conmigo mesma,
pues nadie pudiera darlos
a este talle, que no fuera
su mismo desembarazo.
Envaine vuesa merced
todo ese grande aparato
de dulces de Portugal
que le han salido tan agrios,
que no es la boda por hoy,
pero agradezca el cuidado
que en ella ha puesto el señor
casamentero del diablo,
que cierto que de su parte
nada faltó, porque ha estado
con mucha puntualidad
con la tal silla esperando,
y hizo muy bien el papel
encareciendo el recato,
porque es amigo muy fino
del que es amante muy falso.
Con esto, a Dios, y ninguno
me siga, que si echo el manto,

          si vuelvo la calle, si otro
          embeleco desenvaino,
          les haré creer que soy
          otra dama, aunque al estrado
          me entre de una mesurada
          como esta mañana, cuando
          le hizo creer que era otra
          solo un sombrerillo blanco.

(Vase.)

Hipólito   Oye, aguarda, espera, escucha.

Luis   En mi vida he hallado
          hombre de tan buena estrella
          con mujeres.

Hipólito   Que burlando
          estéis cuando estoy muriendo...
          Detente, Inés.

Inés   Será en vano,
          que vamos muy enojadas.

(Vase.)

Hipólito   No sé qué hacer en tal caso;
          mas sí sé, que es apelar
          de todo al desembarazo,
          desengañando hoy la una
          y la otra después amando.

Pedro (Aparte.)   (Gracias a Dios que con esto
          ya los celos acabaron

	de doña Ana y de don Juan,
	pues todo lo han escuchado,
	y mi amor, pues doña Clara
	viene a Hipólito buscando.
	Cielos, sin querer he visto
	mis celos averiguados.)

Arceo   Y si el galán y la dama
están ya desengañados,
aquí acaba la comedia.

[Don Pedro abre la puerta.]

Pedro   ¿Oístes ya el desengaño,
don Juan?

Ana   No soy tan dichosa
yo.

Pedro   ¿Cómo así?

Ana   Como cuando
yo entré, solo vi un hombre
que atrevido y temerario
se echaba por la ventana
que hay, señor, a esos tejados.

Arceo   Pues no acaba la comedia.

Pedro   ¡Qué riguroso, qué extraño
afecto de amor y celos!
El iba a salirle al paso;
seguir a los dos importa,
no suceda algún fracaso.

Ana   Grande desdicha es la mía,
pues cuando vengo buscando
hoy, don Juan, finezas tuyas,
solas más desdichas hallo.
Cuando te siguen sospechas
tú las estás esperando
firme, y vuelves las espaldas
si te siguen desengaños.
¿Qué mujer es esta, cielos,
que hoy en mi casa se ha entrado?
¿Qué hombre es este que asegura
que yo le vengo buscando?
¡Oh, nunca en el tiempo hubiera,
oh, nunca hubiera en el año,
si es que la culpa han tenido
de enredos y enojos tantos,
las mañanas floridas de abril y mayo!

Fin de la segunda jornada

Jornada tercera

(Sale don Juan como a escuras.)

Juan
Nada me sucede bien.
¿Qué roca habrá que contraste
tanta avenida de penas,
tantos golpes de pesares?
Del aposento en que estaba
por testigo de mis males,
imposibles de sufrirlos,
ya posibles de vengarme,
celoso y desesperado
salir pretendo a la calle
a esperar a aquel galán
tan feliz que coronarse
pudo de tantos favores,
de dichas que son tan grandes.
Echéme por la ventana,
porque allí no me estorbasen
la venganza de mis celos;
presumiendo que era fácil,
ganando desde el tejado
de la puerta los umbrales,
y saltando de él a un patio
donde la ventana sale,
perdí el tino y di a otra casa...
Pero parece que abren
una puerta y entra gente,
y con las luces que traen
percibo mejor las señas.
¿Hay suceso semejante?
¡Vive Dios que esta es la casa
de doña Ana! ¡Si tomase

hoy puerto en el mismo golfo
esta derrotada nave!
Ella es, ¿qué he de hacer, cielos?,
que no es bien que aquí me halle
y presuma que he venido
cobardemente a quejarme
de mis celos, sin vengarlos.
¿Hay confusión más notable?
¿Qué haré?, que no me está bien
ya ni el irme ni el quedarme.

(Escóndese y salen doña Ana y doña Lucía con luz.)

Ana   Quítame este manto. Gracias
                a mi fortuna inconstante
                que me ha dado, ¡ay infelice!,
                un solo punto, un instante
                de tiempo para llorar,
                de lugar para quejarme;
                y así, ya que estoy a solas,
                sean tormentas, sean mares
                mis lágrimas y mis quejas,
                entre la tierra y el aire.

Lucía   Señora, si de ese modo
                tan justos extremos haces,
                triunfará de amor la muerte.
                Consuelo tus penas hallen,
                que para todo hay consuelo,
                que si don Juan, por guardarle
                a don Pedro aquel decoro
                que debió a sus amistades,
                se arrojó por la ventana,
                ya en su seguimiento parten

	don Pedro, Arceo y Pernía, porque los dos no se maten.
Ana	Y cuando remedie, ¡ay triste!, mi temor para adelante, ¿puede ya dejar de ser lo que fue? ¿Pueden borrarse de la memoria los celos en que yo no tuve parte?
Juan	De cuanto yo desde aquí puedo a las dos escucharles nada entiendo, y solo entiendo que temo que me declaren mis congojas, mis desdichas, mis recelos, mis pesares, porque no es posible, no, que un celoso sufra y calle.
Lucía	Acuéstate, por tu vida, porque en la cama descanses.
Ana	No hay descanso para mí, fuera de que he de esperarle a don Pedro, que le dije que con lo que le pasase en alcance de don Juan, pues todos van a buscarle, viniese a avisarme, y ya parece que llaman. Abre.

(Salen don Pedro, Arceo y Pernía.)

Ana	Señor Don Pedro, ¿qué hay?

Pedro	Que todo ha salido en balde.
Ana	¿Cómo?
Pedro	No habemos hallado
a don Juan, y es bien notable
suceso, porque de aquella
ventana que al patio cae,
para salir al portal
hay una puerta, y la llave
está echada, de manera
que ha sido imposible hallarle,
cuando ni en mi casa está
ni salir pudo a la calle.
Arceo	No le hemos buscado bien,
si va a decir las verdades,
porque a un celoso, señora,
lo ha de buscar el que hallarle
quisiere, ahogado en los pozos
o ahorcado por los desvanes.
Pernía	Ya le he dicho que se meta
en juntar sus consonantes
y no hable palabra donde
yo estoy.
Arceo	Quínola pasante,
también yo le tengo dicho
que de dar lanzadas trate
y sacar, no para el toro,
para el lacayo el alfanje,
y no más.

Lucía   Entre dos ruines
                sea mi mano el montante.

Pedro   No es posible hallarle, en fin.

Ana   Son mis penas, no os espante;
                y bien dicen que son mías,
                pues ellas disponer saben
                tantas falsas apariencias
                que me culpen y le agravien.
                Plegue a Dios, señor don Pedro,
                que Él me destruya y me falte
                si aquel hombre vi en mi vida
                sino hoy, que pudo entrarse
                aquí tras de una mujer
                a quien siguió desde el Parque,
                y viome a mí. Mas ¿por qué
                lo digo, ¡ay Dios!, si escucharme
                no puede don Juan, y doy
                satisfaciones al aire?

Pedro   Quedad, señora, con Dios,
                que por si vuelve a buscarme
                a mi casa, vuelvo a ella.
                ¿Qué mandáis?

Ana   No es bien que os mande,
                que os ruegue sí que volváis
                a la mañana a contarme
                lo que hubiere sucedido.

Pedro   Quedad con Dios.

(Vase.)

Ana   Él os guarde.
            Lucía, cierra esas puertas
            y entra después a acostarme,
            que he de madrugar mañana,
            porque he de salir al Parque
            a hacer una diligencia.
            ¡Oh, si a este vivo cadáver
            hoy ese lecho de pluma
            sepulcro fuera de jaspe!

(Vase.)

Juan   ¿Al Parque mañana? ¡Ay cielos!
            No estos desengaños basten,
            vuelvan atrás mis desdichas
            pues pasa el riesgo adelante.

Arceo   De todos estos enredos,
            de todos estos debates,
            vos tenéis, doña Lucía,
            la culpa, pues vos contastes
            a vuestra ama que en mi casa
            estaba don Juan.

Lucía   De tales
            sucesos, quien me lo dijo
            a mí tiene mayor parte,
            que ya sabe quien me cuenta
            a mí el suceso que sabe,
            que es decirme que lo diga
            el decirme que lo calle.

Arceo	Eres tan dueña que puedes servir desde aquí adelante de molde de vaciar dueñas.
Lucía	Tú escudero vergonzante.
Arceo	Eres dueña.
Lucía	Eres un loco.
Arceo	Eres dueña.
Lucía	Tú bergante.
Arceo	Eres dueña.
Lucía	Tú un bufón.
Arceo	Eres dueña.
Lucía	Tú un infame.
Arceo	Eres düeña.
Lucía	Tú un sucio.
Arceo	Iten más, dueña; y no trates de desquitarte, porque no has de poder desquitarte.
Lucía	¿Cómo no? Eres...
Arceo	Di, di.

Lucía   ¡Mal poeta!

Arceo   Tate, tate.
                       ¿Poeta dijiste? A Dios, dueña,
                       que ya quedamos iguales.

Lucía   ¿De esta manera te vas?

Arceo   ¿Pues qué quieres?

Lucía   Que te aguardes
                       aquí mientras que mi ama
                       acaba de desnudarse,
                       y volveré a hablar contigo
                       un rato.

(Vase.)

Arceo   Aquí espero. Madres,
                       las que a los hijos paristes
                       para nocturnos amantes
                       de viejas, mirad en mí
                       las desdichas a que nacen.
                       Esperando una estantigua
                       estoy, confuso y cobarde,
                       aquí, donde mis suspiros
                       pueblan estas soledades.

(Sale don Juan.)

Juan   Ahora, desconfianzas,
                       es tiempo de aconsejarme
                       si esto que pasa por mí
                       son mentiras o verdades.

El recatarme me importa
de doña Ana; ella no sabe
que la escucho, y en suspiros
que mal pronunciados salen
desde el corazón al labio,
me ha dado ciertas señales
de que mi desdicha llora,
de que siente mis pesares.
Estos criados no pueden
engañarse ni engañarme,
puesto que Arceo a Lucía
la contó cómo ocultarme
pude en casa de don Pedro,
y ella a doña Ana, bastante
desengaño de que fue
entonces ella a buscarme.
Mas, ¡ay de mí!, si es esto
como dicen señas tales,
¿don Hipólito a qué efeto
dijo que a él iba a buscarle,
o qué mujer es aquesta,
y en fin, para qué ir al Parque
mañana quiere doña Ana?
¿Para que a mí no me falte
cuidado? Pues vive Dios,
que tengo de averiguarle.
Si aquí estoy, será imposible
que disimule y que calle,
y imposible, si me ven,
de que la ida del Parque
averigüe; luego irme
será lo más importante.
Este criado a Lucía
espera; mientras no sale

                no está cerrada la puerta:
                salir pretendo a la calle
                por seguirla donde fuere.
                Que me prendan o me maten,
                todo, todo importa menos
                que no que me desengañe.

Arceo   Ya siento pasos. Lucía,
                seas bien venida, dame
                los brazos.

[Abraza a don Juan.]

                ¡Barbada vienes!¿Quién es?

Juan   Callad, que no es nadie.

Arceo   ¿Cómo no es nadie? Yo soy
                tan cortés y tan galante
                que antes creeré que sois muchos.
                ¡Ay, ay!

Juan   ¡Vive Dios que os mate
                si no calláis!

(Dentro doña Ana.)

Ana   ¿Qué rüido
                es aquel?

(Sale doña Lucía y topa con don Juan.)

Lucía   Eres notable.
                ¿Es posible que tu miedo

       tan grandes estruendos hace
       que des voces? Sal de presto
       para que aquí no te hallen.
       Vente tras mí.

Juan (Aparte.)   Vamos. (Cielos,
       hasta que me desengañe
       he de callar, que esta es
       propria condición de amantes.)

(Al entrarse topa don Juan con Arceo.)

Arceo   ¡Otro diablo! ¡Vive Dios
       que tienen aquestos lances
       cosas de la dama duende!

(Sale doña Ana medio desnuda, con luz.)

Ana   ¡Hola! ¿No responde nadie?
       Mas ¡ay de mí!

Arceo   Yo me embozo,
       por ver si puedo excusarme
       de que me conozcan.

[Vuelve doña Lucía.]

Lucía   Ya
       no hay peligro que me espante,
       pues ya está en la calle Arceo...
       Mas...¿no es el que está delante?
       ¿Quién era, si él está aquí,
       el que yo puse en la calle?

| Arceo | Aquí muero.

| Ana | Caballero
que, recatado el semblante,
la noble clausura rompes
de estos sagrados umbrales:
si necesidad acaso
te ha obligado a extremos tales,
de mis joyas y vestidos
francas te daré las llaves.
Ceba tu hidrópica sed
en sus telas y diamantes,
pero si más codicioso
de honor que de hacienda, haces
estos extremos, te ruego,
¡estoy muerta!, que no trates
con tal desprecio, ¡ay de mí!,
el honor, ¡estoy cobarde!,
de una mujer infelice
sujeta a desdichas tales.
Porque si osado, a mi afrenta
a aqueste cuarto llegaste,
vive Dios, que antes que intentes
hablarme palabra, que antes
que ofenda al dueño que adoro,
yo con mis manos me mate,
porque si lágrimas solas
no enternecen un diamante,
rompiéndome el pecho yo
le sabré labrar con sangre.

| Arceo | No labraréis, si yo puedo,
que fuera mucho desaire
ser pelícana una dama

        y ser labradora un ángel.
        Grandes casos de Fortuna
        a vuestra casa me traen,
        no hacer mella en vuestras joyas
        ni a vuestra opinión ultraje.
        Y porque os aseguréis
        de mi término galante,
        segura quedáis de mí.
        A Dios, señora, que os guarde.

(Vase.)

Lucía   ¿Qué miro?

Ana   ¿Fuese ya?

Lucía   Sí.

Ana   Echa a esa puerta la llave;
        y pues ya la blanca aurora
        venciendo las sombras sale,
        no me quiero desnudar.
        ¡Ay, don Juan!, si esto mirases
        ¿quién de que era culpa mía
        pudiera desengañarte?

(Vanse y salen Inés y doña Clara, de corto como primero.)

Inés   ¿Al Parque vuelves?

Clara   Rendida,
        sin ley, razón ni sentido,
        donde la vida he perdido
        vuelvo, Inés, a hallar la vida.

Inés
　　Bastante está lo sentido,
　　y si yo no me he engañado,
　　toda la gloria ha parado
　　en que has, señora, advertido
　　　de ayer el raro suceso.

Clara
　　　¿De qué sirviera negar
　　con la lengua mi pesar,
　　si con llanto lo confieso?
　　　Vana de que hallarse había
　　don Hipólito burlado,
　　le llamé, y su desenfado
　　burló de la industria mía,
　　　que aunque es verdad que me dio
　　satisfaciones que allí
　　por mi respeto creí,
　　Inés, por mi gusto no,
　　　pues que me pudo negar
　　que fue donde otra mujer
　　le llamaba, y mi placer
　　se convirtió en mi pesar.
　　　Yo misma, ¡ay de mí!, encendí
　　el fuego en que triste peno,
　　yo conficioné el veneno
　　que yo misma me bebí.
　　　Yo misma desperté, yo,
　　la fiera que me ha deshecho,
　　yo crié dentro del pecho
　　el áspid que me mordió.
　　　Arda, gima, pene y muera
　　quién sopló, conficionó,
　　alimentó, despertó,
　　veneno, ardor, áspid, fiera.

Inés
>Bien en tantos pareceres
hoy dirán cuantos te ven
que solo queremos bien
tratadas mal las mujeres.
¿Para qué habemos venido
al Parque con tan crüel
pena?

Clara
>A ver si viene a él
don Hipólito.

Inés
>Él ha sido
por cierto muy lindo ensayo.

Clara
>Si hoy doy tregua a mis temores,
yo os coronaré con flores,
mañanas de abril y mayo.

(Vanse y salen don Hipólito y don Luis.)

Hipólito
>En efeto, hasta su casa
a doña Clara seguí
como visteis, y la di
del engaño que me pasa
satisfaciones, diciendo
¿qué ofensa era ir a ver,
llamado de una mujer,
lo que mandaba? Y haciendo
extremos de enamorado
que supe fingir muy bien,
porque ya no hay, don Luis, quien
no haga el papel estudiado,
la dejé desenojada,

atenta a mi desengaño,
y al fin con su mismo daño
vino ella a ser la engañada,
    pues mis extremos creyó,
siendo así, don Luis, verdad,
que vida, alma y voluntad
la doña Ana me robó,
    porque una vez persuadido
de que me llamaba a mí,
y hallarla después allí,
me empeñó, y haber creído
    que ella fue quien me llamó.

Luis   Vos tenéis lindo despejo.

Hipólito   ¿Fuera más cuerdo consejo
darme por vencido?

Luis   No;
mas a haberme sucedido
a mí lo que a vos con ellas,
jamás yo volviera a vellas
de turbado y de corrido.

Hipólito   Fuera linda necedad:
puntualidades tenéis
tan necias, que parecéis
caballero de ciudad.
    Mira si aquesta fortuna
a corrella te acomodas:
querer por tu gusto a todas,
por tu pesar a ninguna.

(Salen doña Ana, vestida como doña Clara, y Lucía.)

Lucía	Ya estás en el Parque, ya decirme, señora, puedes, con qué intento de este modo a su hermoso sitio vienes.
Ana	Si has de verlo, ¿para qué que ahora te lo diga quieres?, que es retórica excusada decir las cosas dos veces, y más cuando están tan cerca de suceder, que presente está el que vengo buscando.
Lucía	El hombre, señora, es éste de los engaños de ayer, si mis ojos no me mienten.
Ana	Por él lo digo, pues solo he salido a hablarle y verle donde por la obligación que a ser caballero tiene, desengañe mi opinión, pues los que son más corteses caballeros, siempre amparan el honor de las mujeres.
Lucía	¿Para aquesto de tu casa al Parque, señora, vienes, donde es una culpa más si aquí acertaran a verte?
Ana	Don Juan está retraído donde quiera que estuviere,

| | y solo a este sitio, donde
             hay tal concurso de gente,
             no se atreverá a venir,
             y así más seguramente
             es donde le puedo hablar.

Lucía   Plega a Dios que no lo yerres.

Ana   Tápate, y llega a llamalle;
             di que una mujer pretende
             hablarle, que se retire
             del amigo con quien viene.

Lucía   Caballero, una tapada
             a solas hablaros quiere,
             que es la que miráis. Seguidnos.

Hipólito   Doña Clara es, claramente
             lo dice el traje. Otra vez
             al engaño de ayer vuelve,
             mas hoy no lo ha de lograr.
[Se acerca a doña Ana.] ¡Notable, vive Dios, eres,
             pues que tan mal te aseguras
             de quien te estima y no ofende!
             Si buscas satisfaciones
             mayores de las que tienes,
             no es menester que me sigas
             pues en el alma estás siempre.

Ana   Por otra me habéis tenido;
             en vuestras voces se infiere,
             y quiero desengañaros
             desde luego.

[Descúbrese y vuelve a taparse.]

      ¿Conocéisme?

Hipólito   Otra vez me preguntasteis
      en otra ocasión más fuerte
      eso mismo y respondí
      que sí y que no, y me parece,
      pues siempre es una la duda,
      dar una respuesta siempre.
      Sí os conozco, pues que os miro,
      no os conozco, porque suelen
      los bienes pasarse a males
      y hoy al revés me sucede.

Ana   Seguidme hacia la Florida,
      porque hablaros me conviene
      donde estéis solo, y decidle
      a ese amigo que se quede.

(Vanse [las dos mujeres].)

Hipólito   Don Luis, de nueva ventura
      podéis darme parabienes.
      Doña Ana es esta tapada;
      agora no puede hacerme
      engaño, que yo la he visto
      con mis ojos claramente.
      ¿Veis cómo fue la de ayer
      esta misma? ¿Veis si vuelve
      a buscarme? Aquí os quedad
      y murmurad, si os parece,
      el haber dicho que tengo
      buena estrella con mujeres.

(Salen doña Clara e Inés.)

Inés   Don Hipólito está aquí.

Clara   Pues no andemos más; detente.

Hipólito   Ya os sigo: guiad, señora
doña Ana, donde quisiereis,
que yendo con vos, hermosa
deidad destos campos verdes,
cualquiera sitio será
la Florida, que le deben
a vuestros ojos de fuego
y a vuestras plantas de nieve,
púrpura y verdor las flores,
cristal y aljófar las fuentes.

Clara (Aparte.)   (Doña Ana dijo, ¡ay de mí!
Mas ¿qué nuevo engaño es éste?
Mas no tarde en discurrillo
quien averiguallo puede.
La Florida es el lugar
citado y a él me conviene
llevarle.) Venid.

Hipólito (Aparte.)   (Fortuna,
¡oh, cuánto mi amor te debe!,
pues seguro de los celos
de doña Clara, me ofreces
a doña Ana; triunfo hermoso
de tu gran deidad es éste.)

(Vanse todos y sale don Juan. [Don Luis se queda.])

Juan   Hacia esta parte bajó
doña Ana, que entre la gente
que venía la perdí
de vista; pero no puede
esconderse, y es verdad,
pues cuando a mí me mintiesen
tantas señas, me dijera
verdad mi infelice suerte.
Con don Hipólito va
hablando; ya no hay qué espere.
¡Muera de cólera y rabia
quien de amor y celos muere!

Luis   ¡Válgame el cielo! ¿Qué miro?
Don Juan de Guzmán es este.
¡Señor don Juan de Guzmán!

Juan   ¿Quién llama? ¿Quién vio más fuerte
confusión? Éste es don Luis.

Luis   Donde quiera que yo viere
a quien a mi sangre agravia
y a quien mi opinión ofende,
primero que con la lengua,
sin ceremonias corteses
le saludo con la espada,
voz de honor más elocuente.
Sacad la vuestra, porque
con más opinión me vengue.

Juan   Yo no he rehusado en mi vida
con la mía responderle
a quien me habla con la suya,

                    y si matarme os conviene
                    daos priesa, que si os tardáis
                    os podrá quitar la suerte
                    otra herida, y no es capaz
                    una vida de dos muertes.

Luis   No os respondo, porque ya
                    hablar el acero debe.

Juan (Aparte.)   (Con doña Ana entró en la huerta
                    don Hipólito, ¡oh, aleve
                    pena! ¿Quién creerá que allí
                    me agravien y aquí se venguen?)

[Riñen.]

Luis   Desguarnecióse la espada.

Juan   Daros pudiera la muerte,
                    pero porque echéis de ver
                    cómo mi valor procede
                    y cómo debí de darla
                    a vuestro primo igualmente,
                    pues el que fuera una vez
                    traidor, lo fuera dos veces,
                    porque ser uno cobarde
                    no es defeto que se pierde,
                    id por espada, que aquí
                    os espero.

Luis (Aparte.)   (¡Trance fuerte!,
                    pues quien me agravia me obliga,
                    pues me halaga quien me ofende.
                    Mas yo sé qué debo hacer.)

                Esperad, que brevemente
                volveré.

Juan   Ya veis el riesgo
                a que estoy, si aquí me viesen,
                y por quitarme del paso,
                que ya lo veis que ya es éste,
                dentro estoy de la Florida.

Luis   Antes de un instante breve
                a ella volveré a buscaros.

(Vase.)

Juan   ¿Qué haré en penas tan crüeles,
                que un inconveniente es
                sombra de otro inconveniente?
                Cuando sigo un daño, otro
                en mi seguimiento viene;
                uno busco y otro hallo,
                y en todos no sé qué hacerme,
                que soy en un caso mismo
                persona que hace y padece.
                Si a don Hipólito sigo
                falto a don Luis neciamente;
                y si espero a don Luis falto
                a mis celos. Mas ¿qué teme
                mi valor? ¿No es morir todo?
                Máteme el que antes pudiere,
                don Hipólito o don Luis,
                pues cosa justa parece,
                si me busca el que yo ofendo
                que busque yo al que me ofende.

(Vase y salen doña Clara e Hipólito.)

Hipólito
En aqueste hermoso margen,
en este florido albergue
que la hermosa primavera
a tanto estudio guarnece,
podéis decirme, señora
doña Ana, lo que a esto os mueve,
pues ya sabéis que he de estar
a vuestro servicio siempre,
y no esa grosera nube
tan bellos rayos afrente:
amanezca vuestro Sol
pues ya el del cielo amanece.

Clara
Yo haré lo que me mandáis,
que a conceptos tan corteses,
que a discursos tan galantes,
hace mal quien no obedece.

(Descúbrese.)

Hipólito (Aparte.)
(¡Doña Clara es, vive Dios!)

Clara
¿Qué os admira? ¿Qué os suspende?
Yo soy; proseguid, que va
el discursillo excelente.

Hipólito
Ni me suspendo ni admiro,
sino solo de que pienses
que no te había conocido
y sabido que tú eres,
pero quíseme vengar
de que salgas desta suerte

	de casa, trocando el nombre.
Clara	¡Oh, qué anciano chiste es ése!
Hipólito	¡Vive Dios, que cuando dije a don Luis que no viniese tras mí, le dije quién eras! Venga él, y si no dijere que es verdad, castiga entonces mis culpas con tus desdenes. Yo voy por él y dirá...
Clara	Todo cuanto tú quisieres. No le llames.
Hipólito	¿Pues por qué?
Clara	Porque es el Muñoz que miente más que vos, del refrancillo.
Hipólito (Aparte.)	No, no; mejor es que entre a desengañarte. (Y no es sino que yo busco este desahogo, con que pueda admirarme y suspenderme de que de una mano a otra así una mujer se trueque.)

(Vase y sale don Juan.)

| Juan | De toda la Florida
la esfera de matices guarnecida
celoso he discurrido,
y hallar en ella, ¡ay cielos!, no he podido |

mis celos. ¿Cuándo, cielos,
se hicieron de rogar tanto los celos,
que se esconden buscados?
Mas huyen porque están ya declarados.
¿No es aquella doña Ana?
Vano es mi enojo y mi venganza vana,
pues sola la he topado.
¿Quién creerá que es tan necio mi cuidado
que me pesa de vella
no estando don Hipólito con ella?
Volverme quiero, pero ¿cómo, cielos,
podré, que son mis rémoras mis celos?
Fiera enemiga mía,
falsa sirena y enemiga arpía,
esfinge mentirosa,
áspid de nieve y rosa,
¿dónde está aquel amante
que tan firme te adora, tan constante,
porque me vengue en él de ti mi acero
y no en ti de él mi lengua?

Clara   Caballero,
vos venís engañado
con tanta pena y tanto desenfado,
pues ocasión no ha habido
para que a mí tan necio y atrevido
me habléis, sin conocerme, con desprecio.

Juan   Decís bien; atrevido anduve y necio.
Por otra dama os tuve,
que como a Luna y Sol guarda una nube,
con embozos de Sol hallé una Luna.
Perdonad, mi señora,
que no hablaba con vos.

(Sale doña Ana.)

Ana
                    Yo puedo ahora
            serviros de testigo,
            pues no hablaba con vos, sino conmigo.

Clara   Pues si con vos hablaba,
            hable con vos, que aquí mi enojo acaba.

(Vase.)

Ana   Mucho me huelgo, don Juan,
            de que hayáis llegado a tiempo
            que os desengañen y engañen
            a vos vuestros ojos mesmos,
            porque si vos padecéis
            a un mismo instante los yerros,
            ya es fuerza que lo creáis
            como quien pasa por ellos,
            pues pensar que lo que vos
            creéis no puede otro creello
            es hacer más advertido
            al otro, y a vos más necio,
            y no hay ninguno que quiera
            tan mal a su entendimiento.

Juan   ¡Oh, qué necio desengaño,
            doña Ana!, pues cuando veo
            que es verdad que me engañaron
            mis ojos, también advierto
            que el desengaño me ofende
            pues tú le traes a este puesto.
            Luego engaño y desengaño

        todo ha sido engaño; luego
        no te puedes excusar
        del agravio de mis celos,
        pues hoy, como del engaño
        del desengaño me ofendo,
        pues el engaño era agravio
        y el desengaño es desprecio.

Ana   En haber venido aquí
        ni te engaño ni te ofendo,
        pues por ti solo he venido.

Juan   ¿Pues pudiste tú saberlo?

Ana   No, mas pude adivinarlo
        de esta manera viniendo
        por hacer que te buscara
        don Hipólito.

Juan   ¿A qué efeto?

Ana   A efeto de que te diese
        la satisfación él mesmo.

Juan   ¡Oh, qué necia prevención!
        Porque cuando da muy necio
        el que fue segundo amante
        al que fue amante primero,
        de celos satisfaciones,
        es cuando le da más celos.

Ana   No hagas graduación de amores,
        pues no soy mujer que puedo
        tener primero y segundo.

Juan	¡Calla, calla!, que me acuerdo de una noche... Mas aquí, más que yo dice el silencio.
Ana	Pluguiera a Dios las disculpas que yo de esa noche tengo pudiera significarte, pero puedo, si no puedo, con decir que soy quien soy.
Juan	Ojalá bastara eso.
Ana	Sí bastara si me amaras.
Juan	Porque te amo no te creo.
Ana	Pues ves aquí que en mi casa anoche un hombre encubierto estaba, que allí se entró...
Juan	Di.
Ana	De la justicia huyendo, y en efeto, enternecido a mi llanto o a su esfuerzo, se fue y si le vieras tú salir de mi casa, es cierto que pagara yo la pena de la culpa que no tengo.
Juan	No hiciera, cuando aquel hombre fuera un hombre como Arceo, que es el que anoche en tu casa

                        escondido y encubierto
                        le tuvo doña Lucía.

Lucía (Aparte.)   (¡Por Dios, que me ven el juego!)

Ana   ¿Qué dices?

Lucía   Lo que es verdad.

Ana   ¿Hay tan grande atrevimiento?

Juan   Pero siendo un hombre noble
                        el que entonces quedó muerto,
                        y abriendo con llave, no
                        entraba... Pero no quiero
                        pronunciallo, por no ser
                        víbora yo de mi aliento.
                        Quédate a Dios, que te guarde,
                        doña Ana, para otro dueño,
                        que son muchos desengaños
                        para un hombre que va huyendo.
                        Por esperar a don Luis
                        solo me voy y me quedo.

(Vase.)

Ana   Tente, espera, escucha, aguarda.

Lucía (Aparte.)   (¿Quién diría mis secretos?)

(Sale don Hipólito y atrás doña Clara.)

Hipólito   No pude hallar a don Luis
                        en todo el Parque.

Clara
                    Yo vuelvo
tras don Hipólito a ver
en qué paran sus enredos.

Lucía (Aparte.)   (¡Que hubiese tan mala lengua!)

(A doña Ana.)

Hipólito   ¡Pero, vive Dios, que es cierto,
Clara, que te conocí
desde el instante primero!

Ana   No hicisteis, porque si hubierais
conocídome, sospecho
que no os debiera mi honor,
don Hipólito, estos riesgos.

[Se descubre.]

              Advertid que habláis conmigo.

Hipólito   ¿Qué tramoya es esta, cielos?

Clara   No hablaba sino conmigo;
como vos dijisteis puedo
decir yo, que yo también
quien hable conmigo tengo.

Hipólito   ¡Vive Dios que me han cogido
por hambre las dos en medio!

Ana   Pues aunque vos me imitéis
a mí, imitaros no puedo

                yo a vos, que no he de dejaros
                sin averiguar primero
                un engaño con los dos.

Lucía (Aparte.)   (¡Que haya en el mundo parleros!)

Hipólito   ¿Pues qué esperáis?

Ana   Un testigo
                que ha de oírlo y ha de verlo,
                y él viene ya, que esta sola
                piedad al cielo le debo.

(Salen don Pedro, Arceo y don Juan.)

Pedro   No habéis de ir de esa suerte,
                ya que en el Parque os encuentro,
                después que toda la noche
                os busqué.

Juan   Mirad que tengo
                que hacer que me va el honor.

Pedro   Oíd a doña Ana primero.

Arceo   ¿Qué hay, Lucía?

Lucía   Parlerías.
                Ya todo se sabe, Arceo.

Ana   Gracias a Dios que llegáis,
                don Juan, una vez a tiempo
                que mi verdad me ha informado.
                Decid, doña Clara, ¿es cierto

	que ayer fuistes a mi casa
de don Hipólito huyendo
y que él creyó que yo fui
la tapada?
Clara	Sí, y queriendo
cortesanamente hacerle
una burla, escribí luego
un papel en vuestro nombre,
y en la casa de don Pedro
le fui a ver, donde pasó
lo que proseguirá él mesmo.
Ana	Con esto, don Juan, he dado
los desengaños que puedo;
el cielo en los otros hable,
pues solo los sabe el cielo.

(Sale [don Luis].)

Luis	Señor don Juan de Guzmán.
Pedro	Peor se va poniendo esto.
Arceo	Por Dios, que le ha conocido
don Luis, el primo del muerto.
Hipólito	¿Éste es don Juan de Guzmán?
El no conocerle siento
para haber en vuestra ausencia
hecho...
Luis	Esperad, teneos,
que este duelo ha de vencer

>   la hidalguía y no el acero.

Juan
>   Pudiérades esperar
>   a verme solo en el puesto.

Luis
>   Importa que haya testigos
>   para lo que hacer intento.
>   A que fuese por espada,
>   que se me quebró riñendo
>   con vos, me disteis lugar;
>   si tardo, disculpa tengo,
>   pues por haberos escrito
>   este papel, me detengo:
>   de la causa en que soy parte
>   este es el apartamiento,
>   que si deudor de una vida
>   erais mío, noble y cuerdo
>   me la disteis; contra vos
>   derecho ninguno tengo.
>   Y si entonces no lo hice
>   fue porque allí, no teniendo
>   espada, no presumierais
>   que os daba el perdón de miedo,
>   y así os lo entrego, don Juan,
>   cuando en la cinta la tengo.

Juan
>   No solo me dais la vida,
>   sino el honor, y pues viendo
>   estáis la dama que fue
>   la ocasión de este suceso,
>   ella os pague con los brazos
>   lo que con alma no puedo.

Ana
>   Pues con vuestras amistades

	todos las nuestras hacemos.
Clara	No hacemos, porque si ya no tengo quien me dé celos, no tengo a quien quiera bien.
Hipólito	¿Pues hay más de no quereros?
Ana	Arceo y doña Lucía se casen luego al momento.
Arceo	¿Mas que nace el Antecristo de Lucías y de Arceos?
Juan	Mañanas de abril y mayo dan fin: perdonad sus yerros.

Fin de la comedia

Libros a la carta

A la carta es un servicio especializado para
empresas,
librerías,
bibliotecas,
editoriales
y centros de enseñanza;
y permite confeccionar libros que, por su formato y concepción, sirven a los propósitos más específicos de estas instituciones.

Las empresas nos encargan ediciones personalizadas para marketing editorial o para regalos institucionales. Y los interesados solicitan, a título personal, ediciones antiguas, o no disponibles en el mercado; y las acompañan con notas y comentarios críticos.

Las ediciones tienen como apoyo un libro de estilo con todo tipo de referencias sobre los criterios de tratamiento tipográfico aplicados a nuestros libros que puede ser consultado en Linkgua-ediciones.com.

Linkgua edita por encargo diferentes versiones de una misma obra con distintos tratamientos ortotipográficos (actualizaciones de carácter divulgativo de un clásico, o versiones estrictamente fieles a la edición original de referencia).

Este servicio de ediciones a la carta le permitirá, si usted se dedica a la enseñanza, tener una forma de hacer pública su interpretación de un texto y, sobre una versión digitalizada «base», usted podrá introducir interpretaciones del texto fuente. Es un tópico que los profesores denuncien en clase los desmanes de una edición, o vayan comentando errores de interpretación de un texto y esta es una solución útil a esa necesidad del mundo académico.

Asimismo publicamos de manera sistemática, en un mismo catálogo, tesis doctorales y actas de congresos académicos, que son distribuidas a través de nuestra Web.

El servicio de «libros a la carta» funciona de dos formas.

1. Tenemos un fondo de libros digitalizados que usted puede personalizar en tiradas de al menos cinco ejemplares. Estas personalizaciones pueden ser de todo tipo: añadir notas de clase para uso de un grupo de estudiantes, introducir logos corporativos para uso con fines de marketing empresarial, etc. etc.

2. Buscamos libros descatalogados de otras editoriales y los reeditamos en tiradas cortas a petición de un cliente.

www.ingramcontent.com/pod-product-compliance
Lightning Source LLC
LaVergne TN
LVHW041259080426
835510LV00009B/803